從二等兵到教授

——馬忠良回憶錄

馬忠良／著

獻給

父親與母親的在天之靈

▲作者九歲時的全家照。
左起：作者，表叔，弟弟忠信，父親，母親，姊姊忠蘭。

▶原「三十九師一一五團二營五連」部分退伍弟兄於一九六〇年在花蓮送作者考取成大攝影留念。（前排中為作者）

▶自後排左起：作者，王金芳，孫景福，郭光仁，王裕槐。

▶軍中文藝的夥伴。前排左起：李春生，王裕槐，楊振瑛；後排左起：孫景福，朱光熹，作者。

▲左起：玉蘭妹，忠蘭姊，作者，內子寶蓮，外甥尹建康。

▲一九八九年春節與隔離四十年之忠蘭姊及玉蘭妹合影於香港。

▶一九七五年作者在南伊大攻讀博士時之全家照。

▼一九七七年遊密歇根湖之合照。

▲一九七八年在南伊大獲頒博士學位。

▲一九六九年作者第一次赴美攻讀學位與家人合影。
前排左起：王寶霞，內人，道宏，王寶華；後排：作者與岳母。

▲作者全家福。

CONTENTS

CONTENTS

CONTENTS

CONTENTS

第一章　考古的聖地——陵縣

我的出生地是山東境內膠濟鐵路上的一個小站名叫黃旗堡，但我受教育的地方卻是在山東省的省會濟南市。

黃旗堡也好，濟南市也罷，都不能算是我的故鄉，因為所謂故鄉也者，應該是有祖宗牌位可供，有譜系可查，有祖墳奉祀的地方。以此論斷，我的故鄉是陵縣。

提起陵縣來，恐怕很多人不知道，但若提起一位歷史人物東方朔來（公元前一六二－公元前九三），則無人不曉。他是漢武大帝劉徹的幕後策士，不僅是滑稽泰斗，且是算命盲人的鼻祖。又因他足智多謀，世人稱他為「智聖」。這位鼎鼎大名的人物，就是山東陵縣神頭鎮人。

座落於神頭鎮之西方約二華里處，迄今仍保存著「東方朔墓」。

晉朝人夏侯湛曾寫〈東方朔畫贊〉，對他的高風亮節及睿智詼諧，備加稱讚。

唐代大書法家顏真卿（公元七〇九－公元七八五）於公元七五三年任過平原太守（陵縣古稱平原），曾將此文書寫刻碑，題名〈顏字碑〉。

令人惋惜的是此碑於日本軍隊盤據陵縣之際，為其駐軍拆來做為溝渠上過路的石板，人過車碾，致使許多字跡模糊，現存放在「顏碑亭」裡。

顏真卿任內，也題寫過〈東方朔墓碑〉，至今仍保存在「陵縣文苑」內。

一九八〇年末葉，考古人員在陵縣發現有七十多座古墓，不過現存的僅有三十八座，皆是漢、唐留下來的墳墓。除此，漢朝的陶罐、瓦片，唐朝的城牆等皆有發現，陵縣儼然成了考古的聖地。

陵縣的土地面積大約有一千一百二十平方公里，都是土壤肥沃的土地，境內既無高山，也無深壑，一眼望去，都是一馬平川的平原地。

農產品以大豆、玉米、大麥、小麥、高粱、棉花為主。

農民也種綠葉紫花的苜蓿，供牲畜食用。但是，逢到饑荒之年，糧食短缺時，它也被採擷來，攙雜上豆渣來煮食。

水果方面著名的有：棗、桃、杏、梨、西瓜等。

「真卿酒」是一種很有名的白酒，算是陵縣之特產。

我們的村莊叫做大馬家莊，南臨邱家莊，東接小馬家莊，離一個叫「龐河鎮」的市集不遠。

初一或十五，祖父常帶著我，背著褡褳兒，騎著叫驢去那裡趕集，他買賣什麼，我一概不知，唯一知道的是到了市集，吃熱氣騰騰的包子。

我們家有個很大的梨樹園，結鴨梨、杏黃梨等，果實纍纍時，躺在樹下，抬起頭來，張開嘴巴就能吃得到甘甜的梨。

村莊前面有一條「護城河」；暑假來臨時，我跟著大人從濟南市回老家探親，常跳進去，扎猛子或與玩伴潑水嬉戲。

有一次，我跳進河裡，直覺右腿有劇烈的疼痛，爬到河岸上，發現右小腿被割了一道口子，有二公分長，血流如注，原來我撞到了嵌在泥裡的碎瓦塊，迄今，那個白白地疤痕依然在那裡。

據我叔叔馬家型的敘述：我們這一支大馬家莊的人是從山西遷徙過來的，到我父親這一代為止是第十四代。

我的曾祖父馬長春曾於清朝得到過秀才的功名，所謂秀才也者，謂人才之優異者也，而且，我的曾祖父得到的是秀才裡的廩生。秀才分為三級：廩生、增生及附生，其中只有廩生有皇上賜的俸祿（糧食的供給），增生與附生則無。不用想就可知道，這個小小的功名，在鄉里被認為是大大地榮譽。清末民初，曾祖父在陵縣縣政府教育局任督學，後被任命為縣議員，參贊縣裡的政務，貢獻不小，但不幸的是他僅活到了五十八歲即因腎臟病棄世。

母親說我曾祖父時代是我們馬家這一支的黃金時代，大畝地有好幾十畝，房屋櫛比鱗次，從前街迤邐到後街，黑壓壓的一大片，全是我們家的，而且騾馬成群，出入皆有馬或馬車代步。

到我祖父馬傳緒這一代，不知道為了什麼緣故，即家道中落，尤有甚者，華北平原適逢連年乾旱，蝗蟲過境，餓殍載道，致使我父親在小小年紀時便走關東另謀生計。

我外祖父母住的村莊名叫張家廟口，離大馬家莊有五華里之遙，從我記事起，它就深深地嵌在我的腦海裡，因為有數不清的次數，母親帶我們姐弟三人去探望外祖父母（俗稱走姥娘家）。張家廟口出了位飛將軍，名叫張連緒，母親一提到他，我就說我長大了也要投效空軍。

我孩提時代常去的另外一個村莊是姜家坊子，因為我的二姨媽住在那裡，有趣的事是二姨丈膽子特別小，一風聞有土匪的動靜就尿褲子，躲在桌子底下，拉他都拉不出來。

我在濟南市讀市立中學時，遇見高中部的同鄉王遇文，根據他的說法，在濟南市讀書的家鄉子弟，個個成績都很不錯，這也是陵縣人的一種特色。

有鬲是一古國名稱，位於今之山東德縣附近，也包括陵縣，所謂鬲人也者，也多指現今之陵縣人而言。

第二章　綽號小迷糊

據我母親說，我剛出生不久，還沒有來得及種牛痘即出了天花，初發高燒，繼陷入昏迷，有七天七夜之久，因此，使得原本身體羸弱的母親也七天七夜未闔過眼睛。她說我們馬家這一支香煙全繫在我的身上，就是拼了老命也得把我設法救活。

在我之前她雖曾生過一個男孩，但是，因為那時醫藥落後，一生病即夭折，爾後，生了個女孩即為忠蘭姐。隔了兩年她又生了一個女兒，已經養得很大了，不知得了什麼病，也沒養活。中國人常說不孝有三，無後為大，但是，有了後代後還要有個男孩才算數，我的到來對我們馬家來說，自然非同小可。

我醒過來後，母親也不能掉以輕心，把我的雙手纏上紗布，並小心翼翼地防止我用那裏紗布的手去抓我的面部。她說牛痘乾癟後會變成痂，會癢，若用手去抓癢，不僅會把結的痂擦掉，裡面的血流出來，痊癒後會留有疤痕。但是，千防止萬防止總有疏漏之處，有天，趁母親稍不留意，我在鼻尖上來了一抹，這一抹非同小可，我的鼻尖上就留下了兩粒印記，使我終生自卑。

因為發過高燒的關係，腦子受到了傷害，我從小就迷迷糊糊。母親說她把我帶到哪裡，我就待在哪裡，一待就待上一個上午，而且眼睛直勾勾地望著遠方，叫我或者喊我，理都不理，所以大家叫我小迷糊。

隨著日子的進展，我從迷糊中甦醒了過來，並顯現出一種執拗的脾氣，凡對要不到的東西以哭來要脅，不合己意的也以哭來表達。記憶中表現這種個性的大事是：有天，忠蘭姐不知對我做了什麼，我一面嚎啕大哭並恨恨地在她的右手臂上來了一口。一九九二年的舊曆年返鄉祭祖，曾提起這段童年的往事，她曾捲起了衣袖示之，白皙的皮膚上仍留著一個疤痕。

我雖然愛哭，朦朦朧朧中若覺得自尊心受到了屈辱，我也可立即停止。

一九三〇年代，我父親任職濟南火車站工務段時，曾有機會被調到黃旗堡火車站工務段工作過。它介於濟南火車站與青島火車站之間，是個三級小站，雖係小站，但也有小火車站的風景。我們住黃旗堡火車站的員工宿舍裡，記憶中門前有個不小的院子，院子內並有幾株樹，父親下班之後，常常坐在樹下品茗；叔叔也在鐵路上服務，公務之餘常來陪父親聊天喝茶。

一九三七年盧溝橋事變，對日八年抗戰正式揭開序幕，共軍也隨著蠢蠢欲動，中國人過著惶惶不安的日子。黃旗堡火車站雖不是大站，當然亦不是兵家必爭之地，但究竟是在鐵路線上，為了安全起見，父親將我們送回原籍陵縣避難。

那年，我大約六歲，過正常生活的孩子，該是入學的年齡。因避難比讀書重要，所以任我在故鄉野，野過一年又一年，直到一九四〇年初，父親調回濟南火車站工務段將我們全家接往濟南市時，我方獲得了就學機會。

我初入學的地方不是所謂的洋學堂，而是私塾。

父親是舊時代的人，總是認為先念幾年古書，再來上洋學堂，方是上策。

我的私塾先生的名字早已不復記憶，他的形象我卻記得。他常年穿長袍大褂，又瘦得出奇，手裡拿著一把蒲團扇子搖來晃去，活像豎立在田地裡的稻草人。他講起話來輕言細語，教起書來慢條斯理，一副冬烘的模樣。

有一天，父親竟意外地出現在學堂裡，臨離去時，我瞥見他與先生嚼了好一陣子的耳朵。那天下午，我雖然結結巴巴的背上了書，卻嚐到了戒尺的滋味。我兀自納悶，這究竟是怎麼檔子事（背上了書，還挨打）？後來，從先生囁嚅聲中悟出我父親要先生對我特別「關照」。

我的下面還有一個小我四歲的弟弟名喚忠信，長的眉目清秀，但身體孱弱。有一天早晨，我正在院子裡玩耍，忽聽到母親在屋內大放悲聲，並夾雜著說：「不行了！不行了！他面呈紫紅色，兩眼翻白，全身痙攣，已經沒有了氣息！」大家湧到床邊，探個究竟。適時，父親用手指壓了一下弟弟的喉頭結的地方，只見他大聲咳嗽了一下，一口濃痰自嘴裡噴出，及時恢復了呼吸，母親才破涕為笑。

母親認為弟弟是王母娘娘身邊的童子下凡，不時地去廟宇上香膜拜，並買了紙糊的童子燒化，請求王母娘娘恩准，讓弟弟留在人間長大。

如今弟弟已經五歲，整天像跟屁蟲一樣的跟著我。有天早晨，我領著他沿一條小溪流遊蕩，不知不覺已經過了一個上午，待感覺飢餓返家時，已經午後二時，家裡正為找不到我們鬧的天翻地覆，父親及母親急得如熱鍋上的螞蟻，見到我拉著弟弟的手平安歸來，他們即上前來擁著我們喜極啜泣。母親說大都市裡歹徒太多，誘拐兒童的事件層出不窮，再加上我生性迷糊，容易上當，後果難以想像。

我們的家離北洋大戲院不遠，我常迷迷瞪瞪地溜進去，站在紅柱子一側看戲。

四小名旦之一的李世芳及聲名鵲起的馬驪珠（台灣名演員胡錦的母親）皆曾駐院演出。我不懂戲文，卻為鮮豔的服飾，舉手投足之身段，悠揚之琴聲等而癡迷。

若遇上演關老爺的戲碼，聽到鑼鼓喧天，人聲吶喊就興奮不已。當我看到旌旗招展，馬童幾個鷂子翻身及關老爺出場的威武台步，更令我瘋狂。回到家裡，手持著掃帚，嘴裡敲著鑼鼓點，練青龍偃月刀的架勢。我一生喜愛平劇，也一生愛看三國戲，〈白馬坡〉及〈華容道〉最使我著迷，簡直到了百看不厭的地步。

第三章　小學時代

我大約在私塾裡念了一年，即轉入了洋學堂。我上的第一所學校名字是市立北壇小學；它的硬體是一座廟宇改建的，一進去即有種陰森森地感覺。

一九三八年，日本人佔領濟南已經有段時日，他們以推動「大東亞共榮圈」為號召來掩飾侵華的行徑。要毒化中國人，首先得從教育做起，猶記得小學一年級教科書的第一課上，印著一個大紅太陽及幾個兒童，文字是：「天亮了，弟弟，妹妹快起來！」

令人毛髮豎起的學校環境及膚淺的課本，根本引不起我讀書的興趣。我一有空，就跑去位於商埠的「大觀園」聽說書，譬如：《薛仁貴征東》，《薛丁山征西》，《三俠劍》，《七俠五義》，《施公案》等。我雖迷糊，但記憶力特強，別人是過目不忘，我卻是過「聽」不忘，只要聽過一遍就能轉述。

我們那條光明街上，住著一位姓范的大爺，是一位黑道人物，他的腦門子上塗上了一層油似的，閃閃發亮，肚子挺的大大地，整日遊手好閒，提著畫眉鳥籠子在街上晃來晃去。他最愛聽我聽來的平書。夏季，每當夕陽西下，晚風習習之時，他就在街道旁巷子口，沏上一壺好茶，擺上幾盤花生米，喚我說平書。我是現學現賣，把上午在大觀園內聽來的，添油加醋的轉述，再加上誇大的肢體動作，引來他的咯咯大笑。他說我是個有趣的孩子，「說」做俱佳。

市立北壇小學沒給我留下太多的印象，但有兩位人物卻使我終生難忘：一位是教我們英語的男老師，另一位則是教日語的女老師。前者在寒暑假內開課；後者的課則融入我們的常態教學裡，一星期有三堂日語課。

教我們英語的老師的姓及名早已不記得，但他的音容笑貌仍然在我的腦海裡：小平頭，圓臉，水桶腰，白上衣及黑色的吊帶褲。他不太像教書先生，很像是已積攢了些錢財的巨商大賈。俗話說得好：「人不可以貌相，海水不可以斗量」，他教起書來卻不含糊，從但尼爾・瓊司（Daniel Jones）的音標、文法，教到希臘神話。可能是他教學的方法活潑，引起我的學習動機，也可能我有學外語的稟賦，總而言之，我很迅速地學會了他發的所有講義。他見我進步神速，又喜愛在班上表現，曾拉我到一旁，單獨的向我提到「謙受益，滿招損」的古訓。

教我們日語的老師是位很年輕的女孩，紮一對粗實的髮辮，白皙的臉蛋上嵌著一雙明亮的大眼睛，不說話則已，一說話則笑容可掬，露出的一排白牙齒閃閃發亮，她雖是剛從日本本土派來的，卻能與我們攪和在一起。

我在小時候遭受日本人欺凌的唯一經驗是：經過日本兵營時得向衛兵行注目禮或者行深深的一鞠躬，否則日本兵就一方面大聲吆喝，另一方面揮動著明亮的刺刀作勢嚇人。

在市立北壇小學我也是念了一年，因為重劃學區的關係，改念市立菜市街小學。我入學時要經過檢定考試，測驗的結果顯示，我除了算術之外，其他各科已有三年級學生的程度，因此，要我插班到四年級試讀，若讀的不如預期，再降回三年級。

那時日本侵華的戰爭陷入膠著——中國地方太大了，日本僅能佔據城市，對鄉村鞭長莫及，戰敗是遲早的事。濟南市的大街上出現了一種詭譎的氛圍，那就是日本兵蠻橫跋扈，日本人卻低聲下氣。

忠信弟也到了上學的年紀，每日清晨母親就帶我們去菜市場吃早餐：甜沫（即山東粥）跟油條。吃喝完畢後，母親就把弟弟交到我的手中，並囑咐我在路上多多的照顧他，不要在路上貪玩。

放學時，我領著弟弟逕自回家，為了打發路上的寂寞，我瞎編了許多武俠故事。回到家後，我就提著水桶扛著扁擔去小清河挑水，並自命不凡地向家人暗示：「挑水是為練武功內的腳力！」

母親酷愛鄉村生活，常說生活在鄉村裡，心裡會十分踏實，「想吃瓜就種瓜」，「想吃雞就養雞」，樣樣不缺；生活在都市裡，樣樣都要花錢買，且都市裡人聲鼎沸，車輛擁塞，住久了人會心煩氣躁，會生疾病，因此，我們常陪母親下鄉小住。

那時我們的鄉村盤踞著三種勢力，一為二鬼子（即日本的走狗），二為中共的勢力（外圍組織），三為中央的游擊隊。這三種勢力在鄉村裡成拉鋸戰，弄得民不聊生，我們統稱他們為「鬍子」。若我們淘氣時，母親總拿「鬍子來啦！」來嚇唬我們；鬍子來時，我們就到處躲避，鬍子不來時，我與我的表兄弟姐妹在打穀場上玩耍，他們要我唱自電影上學來的歌，其中有一首名叫〈漁光曲〉，為王人美所唱，紅極一時，迄今還記得它的歌詞。另外一首名為〈賣糖歌〉，為李香蘭所唱，也膾炙人口。

在菜市街小學讀書時，碰上了兩位好的國文老師：一位是魏子安，另位為孫德馨。他們都有高眺的身材，衣服架子的氣派，冬日裡，穿棉長袍圍著呢絨巾，頗為瀟脫。

四年級時，魏老師教了些白話文，他口吃的很厲害，常為了一句話結巴得面紅脖子粗，至今猶記得他的一句口頭禪：「凡是……一個人呀，無論做……什麼，都要……先把人做好，先得從……做人做起。」另外一句是詩似的句子：「月明……星稀／死在……戰場上的／哪一個……不是母親的愛兒？」他雖口吃，唱起來歌來，卻判如兩人，聲色優美，十分流暢。

五年級時，孫老師教我們古文：陶淵明之〈五柳先生傳〉，韓愈的〈祭十二郎文〉，柳宗元的〈種樹郭橐駝傳〉，周敦頤之〈愛蓮說〉，袁枚之〈祭妹文〉，薛福成的〈巴黎觀油畫記〉等。迄今，雖時隔一甲子仍記得些句子。

孫老師比魏老師來的嚴肅，他說：要寫好文章必須從古文著手，古文比白話文節省力氣多了，也出落得乾淨俐落。又說，若能熟背古文一百篇，寫什麼樣的文章都會得心應手。

由於戰爭的關係，小學時代的同學流動性很大，我也是轉來轉去，故記得起同學姓名來的寥寥無幾。現在，我能叫出名字來的只有二位：孫代平及辛玉芳，前者也到了台灣，住在中壢；後者是我們班上的班花，解放後音訊就杳如黃鶴。一九九二年我返鄉祭祖時，在濟南市逗留一個星期，曾到我念的小學去查訪兒時的師友，但一無所獲。

第四章　中學時代

一九四六年，我小學畢業之後，順利的考進了濟南市立中學。

正值八年抗戰勝利後的第一年，我們這一群剛入初中的小毛頭常被拉去火車站搖旗吶喊歡迎國軍蒞臨大濟南！大街上，家家戶戶都掛著青天白日的旗幟，電線桿上及牆壁上貼著蔣委員長的玉照，老百姓浸在興奮及期待中。可是，隨著日子的進展，勝利二字成了抽象名詞，了無實質意義，代之而起的是接受大員之顢頇及紀律上的廢弛。濟南市面上的榮景僅曇花一現，緊跟著是物價飛漲，民生凋敝，還都南京的國民政府對地方的掌握，雖有心卻無力，一切又陷入散漫及混亂中。

大局儘管如此，日子還得過下去，「小我」如我者，管不了這些，每日過我「三更燈火五更雞，正是男兒讀書時」的日子。

座落於南營的濟南市立中學離我家大約有五華里之遙，我每天安步當車，沿著內城牆的右側，大明湖的左岸，穿過黑虎泉，悠悠蕩蕩的去上學，來回大約一個半鐘頭。

由於我此時對英語有了濃厚的興趣，又自認程度已經超過了一般學生的程度，於是乎，我把林語堂編著的《開明英語讀本》三冊全部買來，一邊走路，一邊誦讀有興趣的課文如：〈賣火柴的小女孩〉、〈啄木鳥〉、〈國王的新衣〉、〈翡翠鳥〉等，一個多小時的來回路程，就能熟背上一課。

南營時期的市中給我留下一個「廢墟」的印象，除營房改建的教室破爛不堪外，既沒有樹也沒有草坪，整個的校區是沙礫一片。遇到颳風天，飛沙走石蓋人眼目，連呼吸都困難，同學們拉高衣領遮掩著頭，踉踉蹌蹌地走向教室，以這種情形論，說我們生活在沙塵暴裡，也不為過。然而，在廢墟裡我們卻發現了一朵奇葩，有一位女生燃亮了眾學子的眼睛，只見她身穿藍色短大衣，腳蹬黑色長筒靴子，頭戴白毛線針織的帽子，再加上紅通通的面頰，出落得清麗，眾生為她起了一個「小青島」的綽號。

一九四五年至一九四七年兩年裡，家裡連續發生了重大的變故，祖母及外祖父相繼逝世，其中，尤以祖母過世最為突兀。有一天夜裡，我正酣睡，突然被母親喚醒，睡眼惺忪地還沒完全清醒，母親就對我說：「你奶奶中風！恐怕不行了！起來！起來！去見奶奶最後一面！」

或許是操勞與憂傷的關係，母親時感疲倦。她的面容呈菜色，身體一天比一天虛弱，經醫院診斷為肝膽病變。母親一生篤信中醫，治療自然以中醫為主，經過幾個療程，病情時好時壞。

另外一件事也令她操心不已，那就是我舅舅杜長德在濟南市工作一段時間，有了些積蓄，飽暖思淫慾的結果，有了外遇，經母親多方打聽，發現對方竟是風塵中的女子，此一發現令她震驚不已！於是乎，連夜押著舅舅離開濟南，騙他說外祖母身染重病，命在旦夕，必須趕回老家——張家廟口。車抵德州火車站時，方告知實情。

自父親調回濟南鐵路工務段後，工作順遂，職務雖不高卻有「一人得道，雞犬升天」的氣勢。在鄉下的親戚，不論是近親或是遠親皆來投奔，其中不乏一生以務農為本的人，大半輩子都沒出過村莊一步，不幸，遇上了連年乾旱，莊稼歉收，不得已來都市裡打零工紓困，對此情形能說什麼？我們家成了落腳之地，也因此加重了母親身心的負擔。

肩不能挑擔，手不能提籃的鄉紳也來都市裡做生意！有位名叫祝明亭的表叔很有點生意頭腦，能在最短時間內賺進大批的鈔票，我曾看到他在燈下數鈔票及捆鈔票的神情，簡直是心花怒放。未幾，犯下了詐欺罪，鋃鐺入獄，母親為他憂心不已，曾提著一籃子食物要我陪著她去探監。

母親的病發展到了中醫束手無策的階段，不得已改去看西醫，但為時已晚——肚子腫大已有腹水現象，看著她日益消瘦的身影，我們有椎心泣血的痛苦，也變得特別乖順。

她去世時特別勇敢，沒有難過的表情，連一句怨言也沒有，嚥下最後一口氣時，神情安詳。翌日，舉行了簡單地家祭，遺體被抬上了一輛二輪人力車，運回原籍大馬家莊安葬。

父親因公務在身，不克陪靈柩返鄉，車到黃河渡口，臨作別之時，父親向我們揮手，轉過臉去啜泣。

回到大馬家莊，白髮蒼蒼的祖父掌理一切，並在舅舅，二姨媽，三姨媽，嬸嬸及我們三位子女的環伺下，母親安葬在我家梨樹園裡。

一九四七年的冬季，父親經人撮合納鍾氏為續弦。

我在南營校址的市中讀了一學年，學校遷往風景幽美的金牛山。金牛山校地在濟南市以北的郊區，離黃河不遠，學生得一律住校。

學生宿舍建在向陽的山坡上，教室建在山腳下，由於山的走勢東西向，阻隔住了北風的肆虐，冬日裡在教室內上課或在寢室內安眠，並不覺得酷寒。

校門前有一段柏油路，兩旁有高大的白楊樹，起風時，碩大的葉子颯颯作響，蔚為壯觀。

這是我第一次離家過獨立的生活，不覺得孤單，反而覺得好玩，學著過一種有紀律的生活：「該上課時就去上課，該去玩時就去玩」。每隔兩星期返家一次：星期五下午下課後返家，下星期一早晨返校。在這段日子裡，我覺得生活出了我自己的一個模式。

一九四八年，共軍在山東各地戰場上節節勝利：三月份內攻克周村，淄川，博山；四月份內攻克濰縣，安邱，益都，昌樂；七月份內拿下兗州，下一個目標就是攻打濟南。

中秋節的前一晚，月亮大又圓，清明的光輝穿過樹葉，射向我們家的四合院，我們吃了石榴，也吃了月餅，一切顯得如此之沈寂，可是，這僅是暴風雨前的寧靜，在涼颼颼的秋風裡已瀰漫著詭異的氛圍，一切的一切，顯示著戰爭即將降臨。

我們在父親的領導下在院子內挖了個掩體，也在各個角落裡埋藏了細軟，戰事熾烈時，我們全家人躲進掩體，戰事停頓時，我們就出來透氣。

總體來說，戰事是白日鬆弛，夜晚緊繃。

有一天上午，我們聽到有人激烈的敲打大門的聲音，繼聽到「開門！開門！」大聲的呼喊，最後聽到的是：「若不開門，就向院子裡投擲手榴彈！」在不得已的情況下，父親前去應門，一開門，闖進來了一位愣頭愣腦的「國軍」，手裡拎著個手榴彈，神情緊張的連聲問：「有什麼值錢的?!有什麼值錢的?!」

父親究竟有了一把年紀，「氣定神閑」的應對說：「沒有!沒有!所有的東西都在這裡，你喜歡什麼，就拿什麼！」他在各個屋裡巡視後，找不到值錢的東西，掉頭行將離去之際，發現我的一雙沒穿多久的金剛牌球鞋擺在門後，隨即拿起鞋子說：「這雙鞋子嗎！借我穿一穿！」語畢，充滿血絲的眼睛死盯著我們，倒退著走路，一面倒退，一面搖晃著手榴彈。

其後，父親更加小心門戶；其預測的準確度常是十之八九，他說國軍已有敗北之相，不然怎會有散兵游勇出現?有一天，他說就要打巷戰了，家裡不能待了，領著我們離家到黃河岸上避難。

午夜時分，他老人家趴在黃河岸上，向家的方向眺望，火光好像就在我家的上空四射，槍炮聲自風中間歇傳來，憂心如焚，歸根究柢一句話：「那就是他不願辛苦一輩子建立起來的產業毀於一旦！」在天濛濛亮，趁著槍砲聲沉寂時，溜回家去探望。

近夜晚時，繼母則派我回家把父親拉回。

我穿梭於家與黃河堤岸間好幾趟，看不到潰敗的國軍——儘管有零零星星的屍體橫躺在馬路上，也見不著得勝的共軍——儘管看到新的標語：「解放大濟南，活捉王耀武！」

在街上，我看見了民房牆壁上出現的窟窿，看了幾日，方悟出原來共軍在民房裡學老鼠打洞，從一戶打到另一戶，一直打到濟南的內城。

保衛大濟南的戰事自九月十六日開打，即使共軍用人海戰術，攻下了硯池山及茂林山兩個外圍的軍事重地，國軍守城之戰仍沒到岌岌可危的地步，一般預料只要濟南市保衛戰能撐得久一點，共軍之「圍點打援」戰略或將分崩離析，因為將有來自空中及各方的增援部隊，或會突破「圍點打援」之包圍，屆時鹿死誰手尚在未定之天。

十九日雜牌部隊第八十四師長吳化文（倒戈將軍）在商埠一帶率領兩萬「國軍」舉了白旗，撤出張莊機場，阻斷了空運補給，方使濟南的保衛戰不變。

儘管守城的國軍與共軍有過幾度激烈的攻防戰，但軍心已渙散，濟南保衛戰僅打了八日即行結束。

綏靖司令王耀武沒有與濟南共存亡的決心，信守「中國人不打中國人」的觀念，眼見大勢逆轉，既不甘願投降，也不甘願被俘，心裡還揣摩著逃往青島，追隨國民政府，享受他的高官厚祿，即從大明湖北極廟的地道內化裝為商人逃出濟南，後在去青島的途中，壽光縣境內，因為入廁時使用衛生紙為民兵認出，一代抗日名將就這樣窩窩囊囊的被俘。

第五章　五人行

濟南失守兩天後，我窩在家中悶得發慌，於是乎，我像脫韁之馬到處亂竄。我先去了商埠看看，後去了內城看見漂浮在小清河裡的陣亡戰士，最後去了內城的另一面，看見城牆下面縱橫枕藉的屍體。

我在商埠到處遊走，所到之處皆是空蕩蕩地，僅有幾位穿農民裝的民兵，肩膀上倒掛著槍，一面說笑，一面似在趕路。牆壁上一方面有了招貼：新的濟南市全圖，新的路名，新的保甲編組；另一面有了新穎的標語：「解放軍不拿人民的一針一線！」

籠罩在濟南上空的是一種令人窒息的氣氛。

有一天上午，我到學校去看個究竟，在學校門前白楊樹下，遇到了十幾位神色悽愴的學生，他們人手拎著一件簡單行李，一問之下，原來是返鄉的隊伍（表面上的藉口是返鄉，實際上是去青島追隨國民政府）。

他們是農民子弟，原在他們的家鄉讀書，這些地區被共軍佔領之後，就擁入了濟南，並進入了復原後成立的第一臨時中學就讀，該校收容額滿後，就分配至後來成立之第二、三、四，及第五臨中；又這些學校收容到極限後，在不得已的情況下將他們安插在市立或者私立中學寄讀。在私立學校方面，據個人所知，只有育英中學收容流亡學生。

濟南失守後，在這批學生中，有些學生欲返回原籍，有些學生欲留在濟南靜觀其變，也有些學生欲奔赴南京或者青島，師法抗戰期間的流亡學生去大後方與國民政府共赴國難。

我為他們的熱情所感動，沒通知父親一聲（怕告訴了，就走不了啦），當天下午就隨他們踏上了去青島的路。

出了濟南市，沿著膠濟鐵路走，沒看見共軍在交通要道上盤查，也沒看見被俘國軍的狼狽樣。見到的是三三兩兩的「老百姓」，背著行囊，低著頭一步一步的向東走，每個人的心上都像是壓著一塊石頭，我也是一樣，曾經一度懊悔，懊悔此番離開濟南，離開家人，是不是明智之舉！

一路之上，同學們互通有無，沒有餓著肚子，待走到坊子時，民兵就將我們攔截住，並一一地趕羊般的將我們趕進一座廢棄的戲院，要大家在那裡耐心暫住，等候命令。

那是一座坐東朝西十分老舊的戲院，我們被趕進去後，由於晝夜趕路疲乏至極，顧不了地上的骯髒與潮濕，立刻打上了地鋪，和衣而眠。起初，人數有限，其後，進來的人愈來愈多，形成了地鋪靠著地鋪，人貼著人的局面。

為了防止潛逃，僅留一個門，其餘的門窗都用木條封住，並派有衛兵把守。由於不通風的關係，溫度上升，燠熱了起來，大家打著赤膊，坐在那裡，任汗水順脊背往下流，最糟糕的是只有一間廁所，使用一久，屎尿溢出，臭氣沖天。

與此相同的是精神上的虐待，他們搞不清楚這些「難民」的背景，只好嚴加監管，白天令我們坐在那裡不許亂動，也不許交頭接耳，晚上亦然，上廁所也得事先報告，獲准之後，方能行方便。

謠言四起，聽說領導就要來審問我們了，不旋踵，這項說法又不攻自破，無所事事的耗在那裡，等久了看出了些端倪，原來他們要我們知難而退，也就是說：欲返回濟南者立刻放行，去青島的人還要等候。

不久，他們將我們這批被清理出來的流亡學生轉去了濰縣城，在住的方面立即有了改善。一天上午，有位身穿黃色軍服，頭戴一顆紅星軍帽，打著綁腿，身材矮小的領導前來講話：「濟南被解放後，解放戰爭已到了攻無不勝戰無不克的階段，如果你們要回家甚好，若蓄意的去青島，我們就解放青島，去上海，我們就解放上海，你們跑到天涯海角，我們都可以解放到你們！」除此，他把新民主主義及無產階級專政的理論講解了一番。

他這番講話沒有產生預期的效果，相反地「回家」的學生愈來愈多！為了遏阻這批學生「誤入歧途」，煞費苦心地安排我們去參觀昌濰中學，華東大學，並安排我們與該等學校作排球比賽。

在濰縣城裡住得好，吃得也好，就是走不了。為此苦惱萬分，所謂「絕處逢生」真不是蓋的，就在這個節骨眼上，我竟迷迷糊糊地摸進了一間空無一人的辦公室。那是一間設備最簡單的辦公室，除一副洗臉盆架外，僅有一張桌子及一把椅子。辦公桌上的抽屜是鎖著的，我順手拿起了一枚迴紋針，在鎖孔內亂戳，奇蹟出現了，鎖竟然是應聲而落，拉開抽屜，嚇我一大跳，因為擺在裡面的竟然是綠花花地鈔票！我本能地抓了一把鈔票擬撒腿就跑，突然瞥見壓在下面的是用過官印的空白路條，這不就是我夢寐以求的東西嗎？急忙把鈔票送了回去，抽了一張路條掉頭就跑，一邊跑一邊想，若被逮個正著，不被打死，就是被送去坐牢。

其實，我所拿的不是一張路條，而是在一張紙上，當中印有虛線有五個號碼的五張空白路條。我原擬找四位市中的同學一起逃跑，但自遷至濰縣後，他們已不知去向。

我在一個小巷子內，兀自冒冷汗，心在急速的「撲通！撲通！」跳，心想，這該如何是好?!正怔忡間，我瞥見有四位學長向對面的一個朝天鍋飯店走去，我急忙竄出，把他們拉進巷子裡徵詢他們的意見。他們之中，除了讀山東農學院的高維旭外，皆是省立濟南中學高中部的學生，計有：萊蕪縣的亓豐瑾，長清縣的鄭遵哲，日照縣的高敦崇。他們看到我手裡的空白路條，初露疑惑，旋即喜形於色，後認為此是千載難逢的機會，於是乎，我們約定好了集合地點及時間，那天下午，我們五個人逃離了濰縣城。

三十年後，亓豐瑾，鄭遵哲與我在南台灣相逢，緬懷這段往事不勝感嘆，並訝異那時我們怎會有這麼大的勇氣？就我所知高維旭在流亡道上去了四川，亓豐瑾與鄭遵哲在杭州先考入海軍士校，隨校來台，後在台灣考進了海軍官校，最後畢業了並奉獻一段時間後退伍。如今，前者移民美國，卜居洛杉磯；後者在高雄縣教育界服務，現住大高雄市岡山區。另外，高敦崇始終與我在台灣緣慳一面，只知道他也在做作育英才的工作，人在北台灣。

我們五個人出了濰縣城，一路之上，避開大路，皆抄小路，朝青島飛奔而去！有時晝伏夜出，有時晨昏顛倒，我們在路上所達成的共識是若再被共軍攔住及詰問，要口徑一致的說：「我們的家都在青島！」及「我們有路條，我們有特殊任務！」

到了膠萊地塹地段，神經緊繃了起來，因為此地區是國軍與共軍的緩衝區，也就是兩不管的地帶，前後皆看不見村莊，也看不到莊稼，有的就是腳下的砂礫地，兩邊高中間低，走至最低處如走進布袋裡一般，若敵我兩方任一方來逮捕我們，我們必「坐以待斃」。

最可怕的一種情形就是國軍看到我們，我們被誤為共軍份子在那裡活動，他們會開槍射殺；共軍看到我們，我們被誤認為是國軍份子，也會遭受槍擊，任一種情形發生，我們的努力都將成為泡影。

好在那時我們年齡輕，腳力強，急走，慢走再加上小跑步，兩個小時後，即進入了國軍的管轄區。

回首來時路，雖多次瀕臨危險，托天之福，均化險為夷！

到南泉火車站時，太陽已偏西，我們在火車站站長的允許下，搭上了一節敞篷的貨車廂，沒有欣喜若狂，也沒有過度的傷感，感覺到的是心臟仍在急速地跳。到青島時，我們又看到了青天白日的國旗在天空中飄揚，不禁熱淚盈眶。

第六章　青島賣鞋記

我們這五人當中除了我之外，在青島市都有親友投奔，出了青島火車站，大家分道揚鑣後，我不知道該走向哪裡。身上唯一有的是二十元金圓券，其中的十元還是向鄭遵哲兄借的，這筆費用僅能供我個把星期的伙食費。古人說：「要隨遇而安」，可是我那時的處境，豈能以這區區的五個字概括？但反過來想，好在尚有這二十元，若沒有，那也得設法活下去！對不?!

我在青島火車站前踱步，不覺天色暗了下來，雖然飢腸轆轆，但心想總得先找個地方落腳。於是乎，我走上了近在咫尺的桓台路，尋找有沒有適合我這流亡學生身份住的旅館，最後，來到了一個與街同名的「桓台客棧」。我在門口注意進進出出的人等，踟躕了良久，就是不敢冒冒失失的進入，疲乏再加上焦慮，突感天暈地轉，腿發軟，立即意識到若再這樣耗下去，一定會倒斃。

恍恍惚惚的我走了進去，向一位面相慈祥的掌櫃說：「我是剛從濟南市逃出來的流亡學生，要住店！」他向我上下打量了一番，只問了我一句話：「沒有行李嗎？」沒等我回答，就領著我走上一個狹窄的樓梯，在二樓上，他指著右邊的大通鋪說：「你就睡在這裡吧！」順手丟給了我一條毛毯。

住處有了著落後，稍事休息，我就到街上走走，看看有什麼便宜的食物買來充飢。出了客棧，我沿著眼前的桓台路向南走，不敢轉彎，因怕一轉彎就會迷路，不知不覺信步來到了一個夜市。

華燈初上，且到了用晚餐時分，人們在夜市內熙來攘往，有三五成群的人走進了飯店，也有些人圍坐在賣各樣小吃的「攤子」上在用餐。

我置身在人群裡，手在褲袋裡緊緊地捏著那兩張二十元金圓券，揣摩著，點什麼便宜的食物，可以撐得久一點？若單挑烤地瓜，饅頭來吃，這些錢能撐個八，九天，若點包子，小籠包，這些錢在五天內一定會花完。

最終，我在一個張著煤氣燈的攤位上坐了下來，爐上的火燒得正旺，爐上邊坐著一個大銅壺，嘴上發出「嘖！嘖！」的聲響，噴出來的一股熱氣，有氣沖斗牛之勢，猶豫了很久，點了一碗麵茶兩個饅頭。

回到桓台客棧，大通鋪上只我一人，我躺在那裡，身體睏乏至極卻無法入眠。

腦海裡又翻騰著父親，繼母，姐姐忠蘭及弟弟忠信在濟南焦急的到處找我的情況，不禁潸然淚下，繼之，我反轉過來想，男孩子不出來「闖一闖」算什麼男子漢？另外，想到青島市政府或紅十字會遲早會出來解決逃出濟南市流亡學生的生活問題，一向這一面思考，心情轉好，不久即安然入睡。

事與願違，青島市政府不但不問不聞，紅十字會也沒及時伸出援手。

有一天，我那二十元的金圓券業已用罄，在飢餓又無計可施之下，我以睡覺來應付這樣的困境。可是，餓著肚子哪裡能睡得著，睡不著我就把毛毯蓋在頭上哭泣。

桓台客棧現已經熱鬧了起來，大通鋪上，原我一人睡在上面，隨著東北戰局的惡化，住進來了撤退至青島的「各路英雄好漢」，這些人多半是白天出外洽公或找尋出路，只有夜晚回到大通鋪上過夜。

其中有兩位特殊人物：一位是湖南籍的上尉軍官，複姓歐陽，名字已經不復記憶，粗眉毛，圓眼睛，大嗓門，個性豪放，對大局直言不諱；另外一位則是凹凸有致，細腰長腿，有幾分姿色的女人，到了夜晚，她見到歐陽先生歸來時常把白皙的腿伸出毛毯之外，一副撩人魂魄的神態；見到我爬上樓梯時，急忙把腿、頭縮回毯子裡假睡。歐陽先生睡在我的右側，她睡在我左邊的一個角落裡，有時等到夜半，大家熟睡時，歐陽先生就悄悄地從我腳下爬至我的左邊去找她，並做那檔子事，辦完事後，又繞回至原處。時日久了，客棧裡傳出，她是一位不穿褲子的女人，門戶洞開，在大通鋪上做起了無本的生意。

這天夜晚，歐陽先生回到大通鋪上，見到我的情況，就把我的毛毯掀開來問個究竟，待了解是怎麼回事時，大聲說：「哎呀！哎呀！小老弟你怎麼不早說你沒有吃飯，起來！起來！跟我出去，我們一同去用餐！」那位女人也在邀請之列，三個人走出了客棧，在一個小吃店裡坐定後，點了陽春麵，滷味，外帶每人一小碗的青島河粉。

我們一邊吃一邊聊，他說他原是某部隊裡的補給官，駐紮在東北，部隊被打垮後，逃至秦皇島再轉來青島，如果潰敗的局面不能遏阻的話，他就轉回湖南老家種田去了，言下對大局十分悲觀。另外，這位「弱女子」十分內斂，整個的飯局內僅透露她與他的丈夫在撤退中失散。或許是有我這個半大不拉的小子夾在其中，她沒有與歐陽先生眉來眼去。舉筷，挑麵條，喝湯均中規中矩。

這一頓飯，把我們之間的距離拉近，大有「同是天涯淪落人」的況味。

回到大通鋪上，這位仁兄不停的用手搔他的腦袋，一面搔一面說：「這得想個法子度過難關！這得想個法子度過難關！」忽地，見他眼睛一轉：「有了，你去跑單幫如何？」

在那個兵荒馬亂的時代，什麼荒唐無稽的事都有，相沿成習的是丘八（阿兵哥）及丘九（流亡學生）坐火車不花錢。

想出來的主意是：由他貸給我十元金圓券去買時興的五合牌膠鞋，然後，乘火車去距離青島市不遠的藍村賣。進貨是：一雙兩元，五雙十元；賣出時：一雙兩元五角，五雙十二元五角，淨賺兩元五角，而二元五角也就是一天的飯錢。換句話說，用十元金圓券做本金，以賺得的錢來度日。第一天的生意最重要，如做成功的話，以後就不愁沒有吃飯的錢。

他送我一條大號的軍用毛巾，教我、如何攜帶、到了市集如何選擇地點、如何擺地攤、如何與人講價錢。

我認為他是我命裡的貴人。

翌日，我就去大賣場買了鞋，並於次日起了個大早趕往藍村。

坐在火車裡感慨萬千，想著我原是出來「闖一番大事業」的，如今竟淪為鞋販子，想到這一層上，又不禁眼淚漣漣，但是，向反方向思索，我又為之心安，事情既已到了這步田地，沒變成餓死鬼已是不幸中的大幸。

我很快的找到了市集，在熙來攘往的熱鬧地點攻佔了一個「地盤」。我先把毛巾鋪在地上，然後把五雙鞋一字分開，整齊地擺在毛巾上，最後，站直了腰板，咳嗽了數聲，俾能引人注意到有「我」這號人物的存在，待在那裡，等待顧客上門。

想不到不到片刻工夫，就有人前來問津。我原擬把價格提高為每雙三元或者堅守原定的價格每雙兩元五角，但是，為了早一點脫手，有人還價到兩元三角一雙，我就急忙點頭與其成交，不到眨眼的工夫，為之售罄。

我第一次嚐到了賺錢的滋味，欣喜不已！

我大約賣了五天的鞋，青島市的一座大廟內突然出現了紅十字會施捨稀飯的義舉，至此賣鞋的生涯結束。當我把借來販賣鞋的本金還給歐陽先生時他堅持不收，要我留著它在未來的流亡道上做不時之需。

到了我要離開青島時，濟南逃出來的流亡學生，已經累積到了個相當的數目。每天早晨大家相偕去大廟內排隊領稀飯，喝過稀飯後就到街上遊蕩，並探聽有無其他的救濟措施。我曾跟著年齡較大的學生去設在青島市之聯合國善後救濟總署，領過一袋麵粉，由於個人沒有起火，我把它送給了桓台客棧的掌櫃，權做客資。

第七章　上海！上海！

時局更形惡化，來青島的流亡學生急增，吃與住都是問題，有關當局有鑑於此，不得不採取緊急措施。幾經與招商局磋商終於有了眉目，那就是將這批學生運往上海。事先約定，搭商船不能進住客艙，在不阻礙過路的走道內搭地鋪，則聽其自然。我們獲此訊息，雀躍不已。這條商船的名字是「景興輪」，屬豪華級的客輪。我們是山東內地來的學生，未見過海，遑論航海的經驗，如今能搭景興輪，乘長風破萬里浪，目的地又是十里洋場的上海，能不興奮?!

景興輪所載的這批逃離濟南的流亡學生之確切人數無從知曉，但就個人記憶，總有兩百人左右。我們上了船後，就把走道上的空間填滿，早就把「約法三章」拋於腦後，行李安放妥當後，即三三兩兩到船頭或船尾上聊天。

從船頭望出去，只見海鷗在近處飛，在空中翱翔：又低空飛，掠船頭而過，俯衝入海，並在海面上載浮載沈。

再向遠處眺望，海天相接，引人遐想。

轉至船尾，青島市盡在對面，三個星期的停留竟然使我愛上了它，因為它是一個乾淨的都市。膠州灣扼山東水路的咽喉。告別它就等於告別山東，告別山東就等於告別故鄉，能不傷感？現在回憶搭景興輪的種種，猶如霧裡看花，但是，有兩件事的記憶如同昨日：

第一件事是景興輪上的大米飯，每到開飯時間，我們就看到兩個船員抬著兩桶熱氣騰騰的大米飯擺在船身兩側，然後我們依序去盛飯。北方孩子吃麵食長大，大米飯是珍品，不到年節很難吃到，一粒粒的米都煮到了火候，香噴噴不說而且相當有口感，比起大廟內的稀飯簡直不可以道里計。

第二件事是風平浪靜時大家有說有笑，一遇到風級升高時大家就暈船，儘管昏頭轉向，出奇的疲倦，就是難以入眠。

到了上海，我們住進了齊魯會館，白日到大街上遊逛，晚上回來住宿。所謂住宿也者，不過是把被單或者報紙鋪在地上和衣而眠。

十里洋場交通號誌的變換，使我們眼花繚亂，對風馳電掣的來往電車也覺得新鮮，每日像野孩子般成群結隊的在馬路上無目的走來走去，對著黃浦江岸上的大樓指指點點。

另一種找樂子的方式是去看城隍廟的香火，隨著善男信女，拱手，鞠躬向城隍老爺膜拜，冀望他老人家不僅保佑上海的子民，也保佑我們這群自北方來的孩子，在未來的日子裡，不論流落到何處，能一切平安。

我也曾跟著學長們去黃金大戲院看平劇，那是由言慧珠主演的一齣戲，〈宇宙鋒〉。那時年輕，喜歡看熱鬧的武生戲，打打殺殺；對青衣戲則是十足的門外漢，聽她哼哼唧唧了半天，就是用心聽也聽不出個所以然，僅覺得她的扮相俊俏，甩衣袖的動作優美。

百樂門是蜚聲全國的歌廳，人都到了上海不能不去參觀，於是乎，夥同幾個人去「苦中作樂」一番。

在牆壁上看到了周璇與白光的玉照，但聽到的歌，既沒有周璇歌聲的清脆，也無白光的迴腸盪氣，那些演唱的歌手，長相俊俏，歌聲卻遜色了許多。

我們在上海住了大約五天左右，即去了浙江省海寧縣境內之長安鎮，到設在那裡的國立濟南第一聯合中學報到。

第八章 長安鎮風雲

長安鎮是一個名符其實的江南小鎮。當我們抵達時，正值冬季，街道上兩旁的樹都落盡了葉子，稻田裡的水都乾涸了，一片蕭索景象。

濟南第一聯合中學設在兩個廢棄的繅絲廠內：初中部設在長安繅絲廠；高中部設在連元繅絲廠。

我原在濟南市立中學讀完初中二年級，初三僅讀了兩個星期。經過了濟南戰役及流亡途中的折騰，荒廢了幾近一個學期，到長安鎮報到時，因不甘於白白地犧牲一學期，故在登記時，我逕自填上了高中一年級。其實，在那個時間及那個空間裡，哪有制度可言？你願意填哪個年級，就准許你讀哪個年級。

報到完後，我被分派到第九隊。

與我同屬一隊的同學，現在能記起名字來的有梁爾玉、馬念悅、劉泰來、劉燦玉、王恩縉、程士瑞、丁履準、毛學清、朱連業、丁維介、曹愛雲、國剛（後曾任外交部科長、副司長，駐哥倫比亞、多明尼加共和國、厄瓜多大使），及欒勤（後曾任空軍軍官學校校長、聯勤副總司令）。

名義上稱為學校，一切因陋就簡，稱它為「難民營」更為恰當。我們上課的地方就是寢室，晚上打開鋪蓋捲兒躺在上面睡覺，白日捲起鋪蓋坐在上面上課。

印象最深刻的課是英文課，因為教英文的老師最年輕。他的姓和名已記不起來了，但他說的話迄今仍沒忘記。他說英文貴在朗誦，要一段一段的朗誦，這段琅琅上口後，再朗誦下一段，這一課朗誦好後，再朗誦下一課。久而久之，發音會很自然的習得，並說學校周圍皆是空曠的田野，最適合大聲朗誦，用再高的聲音去朗誦，也不會打擾到他人。

由朗誦英文衍生出一個有趣的插曲。

我們隊上有位青年軍出身的同學，在一次對日戰爭中被炮彈片擊中，除身心受創傷外，令他最痛心的是他被打成了啞巴，致我們與他交談時，多以手勢代替。

他遵循英文老師的話，身體力行，每日凌晨，即去田埂上「啊！啊！」的朗誦英文。有一天，奇蹟出現了，他居然講出話來了，他說：「很可能有塊彈片卡在他的聲帶裡，藉著朗誦英文時的震動，那塊小碎片被震落。」無意中撿回來他多年失掉的聲音，全隊為他欣喜不已。

傳遍全隊的另外一個故事是我們隊上有一位同學，嫌宿舍裡嘈雜，常單獨去當地一間廟裡讀書。臨離開廟時，把燃燒過的蠟燭刮進一個碗裡，攜回來供夜晚再「勤學苦讀」一番；很不巧地，他被當地一位小姐撞見，並「興師問罪」，想不到這段「公子」與「小姐」的鄉野傳奇竟演變成戀情。十多年後，我在台灣的桃園五十二醫院住院，為了打發寂寥，曾依據這個插曲寫了一篇小說，題名為〈蠟燭緣〉，在田湜主編之《野風文藝雜誌》上發表。

長安鎮那段流亡學校的生活裡，在吃的方面是先發每人十八兩米，後發覺不夠吃，增加為二十四兩，菜金是三元。儘管濟南第一聯中的主副食比別的聯中來的優渥，但是，那時正值我們的發育期，剛吃飽了，不到半個時辰就又餓了，因此，我常去秋收過的田地裡尋尋覓覓，撿拾遺留下來的白蘿蔔及胡蘿蔔之殘餘來煮食。

我沒有生小灶的經驗，在瓦片及石塊搭起來的爐灶生了火之後，連風向也不注意。有一次，我蹲在那裡一邊煮一邊吃，正兀自納悶兩條小腿發熱，低頭一看，赫然發現棉褲上著了火，使我立即陷入又蹦又跳，雙手撲打火舌的窘境。

江南潮濕，我患了疥瘡，紅色的斑點先從兩條大腿的內側開始，形成了水皰，禁錮在裡面的全是膿，戳破之後，先流出來的是黃褐色的膿，後流出來的是血，風乾後結痂，先癢後痛，難過至極。

時局動亂，生活艱困，幸虧有校長劉澤民先生之坐鎮。

劉校長係山東菏澤縣人，出身於輔仁大學史學系，一生酷愛籃球運動，求學期間曾被選為北平各大學聯合隊的球員，轉戰全國各大學，進而遠征日本，香港，泰國及越南。

一九三七年畢業時，適值盧溝橋事變，劉校長返回原籍，協助地方保鄉衛土，曾在土匪遍地，青紗帳裡（高粱田）膺任送巨款的重任。日本攻陷濟南之後，省府行政組織瓦解，新任主席沈鴻烈跑到曹縣就職，畀予劉校長重任，保管山東省政府及保安司令部大印，現鈔五萬元，電台一部及密碼一本。其後，歷經東里店被炸，魯南山區浴血，鑽天崮被困等事件，其中最為人稱道的是有一回他被匪徒們劫持，並在槍口下命他用圓鍬自挖活埋坑穴，他於萬分危機之中，趁他們不備，用圓鍬把他們的頭一一敲碎。

一九四三年，劉校長轉入教育界，先擔任國立二十二中體育及歷史老師，後繼任二十一中訓導主任，最後任勝利後的濟南第一臨時中學校長。人生經歷多彩多姿，辦學經驗豐富，尤以辦理流亡學校的經驗最為豐富。

冬天到了，學生仍穿著單衣，在寒風中打哆嗦，他看在眼裡，痛在心裡，為此，在外面到處奔波，儘管在他的努力下，棉衣的套數募集到了百分之八十，但還是有百分之二十沒有著落。

京滬警備總司令湯恩伯將軍時駐紮在上海，他赴滬晉謁請其協助，意外地所缺的棉衣套數湯總司令一口承諾，另外，還額外地贈與四千頂蚊帳。就要擇日發放，卻因爆發了學潮功虧一簣。

就在此時，校園內瀰漫著一種詭譎的氛圍，指控校長貪污的謠言滿天飛；他們說校長不但虛報學生人數，吃空缺，而且，藉不發棉衣控制學生的指控言論。不然，為何棉衣早已到校，擺在倉庫裡，聽任學生挨凍？

這批學生，我們在校園裡很少看到，也不曉得他們的來歷，直覺的反應是他們年紀大，言詞犀利，行事大膽。

有一天黃昏，我從長安鎮的大街上散步歸來，看見他們從長安絲廠押著一位教官走在至校本部的路上。他們走走停停，走的時候大聲咆哮，停下來的時候向這位教官指東說西，團團地圍住教官，並拉扯他的衣領，只見一位高大的學生冷不防的給他一個巴掌，並將他的軍帽打落在地上。暴力一開了頭，其他的學生一擁而上，他「殺」出重圍時，我看到他臉上都是血。

他們到了校長辦公室，因那天校長帶籃球隊去硤石鎮比賽未歸，找不到理論的對象，唯一出氣的管道就是呼口號及在地上有節奏的頓足。到了午夜，情緒升到最高點，打殺之聲四起，不但開始亂打人，也開始掀桌椅搗毀門窗，不到片刻工夫，校長室內一片狼藉。

幾位主其事者怒氣未消，帶著大夥兒把倉庫門打開，拖出一捆捆的棉衣就地發放，聲言在現場的人均有一套，此一消息不脛而走，連元絲廠內頓時成了萬頭攢動的局面，大家都搶著領棉衣棉褲。

學潮來的快退的也快，校園內不旋踵恢復了平靜，就是沒恢復上課。大家無事可做，三五成群的在聊天或站在校外，倚著牆壁看火車經過。也有的同學到長安鎮的大街上閒逛。更有的遠走杭州，去遊西湖。

約過了一個星期，校園裡傳出了風聲說校長即將帶著龐大的護校團回校，並風聞護校團的團員各持一條棍棒，名之為「武裝返校」。又聽說校長一旦返校成功，將嚴懲搗亂份子；同時，校內也組織起來歡迎校長返校的隊伍，作為內應，由老師領導。

劉校長沒有費吹灰之力回到了學校。

他雖沒召集學生講話，學生卻「立即」擁擠在連元絲廠的空地上聽他訓話。他是個心直口快的人，首先駁斥吃空缺的傳言，迄今，雖時隔六十餘年，仍記得他那一句鏗鏘有力的話語：

「我們學校有兩千四百六十三個學生，少一個殺我的頭！」

緊接著他解釋不發棉衣的原因。

他問道：「誰不願意看到自己的學生早日穿上棉衣？然而，套數尚沒齊備，怎樣發放？如果要發，誰有優先權？若不計後果的發放，被發到的學生固然高興，那沒有領到的必生怨恨之心，若來抗議，我將無言以對！」

「大家都是我從家鄉帶出來的子弟，我能偏袒誰？我這不是已經募集齊了棉衣的套數了嗎？只是稍待幾日而已，如今事情已鬧到這個地步，怎樣收拾？事情鬧到了這個地步，怎樣收拾？」

校長表示對主要的滋事份子，將從嚴處分；對盲從分子則不予追究。

時局惡化的令人難以預期，徐蚌會戰後，共軍以迅雷不及掩耳之勢揮軍南下，渡長江天塹，已是指日可待。

低氣壓籠罩住整個濟南第一聯合中學。

有一天下午，學校召集學生在連元絲廠內做精神講話，教國文的胡碧濤老師擔任主講員，他當時講的主要內容已無印象，但他講完話後朗誦王昌齡七言詩〈出塞〉的神情，仍在我的腦海裡：

「秦時明月漢時關，萬里長征人未還，但使龍城飛將在，不教胡馬渡陰山。」

國民政府的飛將軍到哪裡去了?!黃埔出身的嫡系將領多的如「過江之鯽」，一個跟著一個，不是變節就是被俘，壯烈成仁的真是鳳毛麟角。在學校即將南遷廣州聲中，我趕赴龍游工務段去看我的叔叔。

第九章　龍游行

我的祖父馬傳緒與祖母祝氏育有二男三女：父親馬家範，叔叔馬家型與三位姑姑。三位姑姑的模樣有些印象，但她們的名字一個也記不得。

父親在黃旗堡火車站工務段工作時，叔叔雖常來看我們，但那時我太小，叔叔長得什麼樣子毫無印象。

及我稍長叔叔已經遠離山東，人在江南了。

我在大馬家莊曾住過一段日子，對三位姑姑有些記憶。

大姑有大家閨秀的風範，很會做家務，常見她指揮家小做這做那，大有「牝雞司晨」之勢，這在那個父權時代並不多見。

二姑屬中國傳統型的女人，每天守在她的房間內，大門不出，二門不到。

對小姑的記憶特深，因為她出嫁時，我坐在她的妝奩車上做所謂的「壓車童子」。很不幸地，她嫁出去沒有多久即因產褥熱去世，留下一個女兒。

我的叔叔原在大馬家莊娶有妻室，生有兩個女兒：大的名青，小的名琴。或許是他覺得我那不識字的孀母配不上他，在濟南火車站工作了幾年，竟遠離家鄉至浙贛鐵路龍游工務段工作，令他如此做的原因可能甚多，婚姻上的不如意我斷定應是其中之一。

叔叔去了浙江，父親帶著我們這一支在濟南，再加上大姑，二姑及小姑先後嫁人，大馬家莊的祖宅，田地，及年邁的祖父母就靠我這位舊時代的孀嬸照顧。她一個人帶著兩個稚女守在祖宅內，無怨無悔，人雖是有點粗線條，但感情至純。記得一九四七年秋初，當母親的靈柩運回祖宅暫停時，她那晝夜陪著我們守靈，鼻涕一把，淚一把的慟哭神情，令我們姐弟三人動容。

如今我去看叔叔，想到我那位在老家的嬸嬸，內心是五味雜陳。

龍游縣位於浙江省的中西部，東鄰金華，西瀕衢江，北接杭州。在出產方面，以米，茶及柑橘為大宗。

龍游火車站是浙贛鐵路上的一個中等站。那天下午，當我步下火車時，就發現小販在月台上叫賣的不是水果，也不是茶而是五香辣椒豆腐乾。

「辣椒豆腐乾！」

「辣椒豆腐乾！」

這些小販在脖子上掛著一個盤子，盤子上擺著搛搛地醬紫色的豆腐乾。火車停靠穩當後，他們就向坐在車窗邊的旅客兜售。可惜，我那時阮囊羞澀，否則，說什麼也會買來嚐嚐。

我在收票口旁邊站著等旅客散盡，然後，向收票員打聽去龍游工務段如何個走法？收票員見我那身流亡學生的打扮，原不屑一顧，但當他聽到我叔叔名字時，長臉立即轉成了笑臉，並熱心地畫了張簡圖說我叔叔住的是公家宿舍，離火車站有段距離，但不遠。

我按圖索驥，不費吹灰之力就找到了掛有「龍游工務段員工宿舍」招牌的地址。向門裡一探頭，就看到一位貌似我祖父的人，在庭院內蹀躞；又因他個子偉岸，更使我相信他就是我的叔叔，於是乎，便冒昧的問他：「你是叔叔吧?!」他先是愣了一下，繼之，意會到箇中原委，連聲否認，同時說：「你跟我來！」他領我向一棟木造的樓房走去，途中問我說：「你是老馬的侄子吧？他曾向我提起過你呢！」原來他是我叔叔的頂頭上司。

叔叔的容貌與我想像中的大相逕庭。若拿他與父親對照，相似之處甚少：父親個子高大而他矮小；父親的臉是長方形的，而他是正方形的。父親近五十歲時尚滿頭黑髮，而他比父親小了好幾歲竟髮如白雪。他的特別處是有兩個酒渦，笑起來有祖母的神韻。初見到他時，有些生澀之感，未幾，我即被他的一口陵縣話消融。

初來南方時，他在江西省的玉山站工務段工作，也在那裡另娶妻室，現已育有一對兒女：男孩名喚晨生，已經兩歲；女孩光雲，仍在襁褓中。

他早已受洗成了基督徒，說是靠耶穌基督的恩典使他度過了無數的艱難。

那晚他與我談到了許多故鄉的往事，有的我聽說過，有的我沒聽說過，並興致高昂地破例與我小酌了一番。

江南的這位嬸嬸在年齡上至少比叔叔小二十歲，瓜子臉上有一對炯炯有神的眼睛，清秀裡透著稚氣。迄今，我每想起在龍游的這一段往事就覺得對她有些愧疚，那就是有勞她為我洗那幾件沾滿疥瘡汁的衣裳。她講的江西話我是有聽沒有懂，但卻弄懂了這樣的話：「若你不是侄兒的話，給我再多的鈔票，我也不願洗這樣骯髒的衣服！」

叔叔安置我在樓上居住。

白日到附近走走或與叔叔聊家鄉，還算好過；到了晚上，躺在一張古董床上，暗淡的燈光下兼有窗外的江南綿綿春雨，不勝寂寥之至。想到已經來叔叔這已經一個禮拜了，該談的也談了，該說的也說了，也該是回長安鎮的時候了，若再不回去，就趕不上學校的南遷，將成為落單的雁。

一向叔叔表示回學校的意思，他就猛搖著頭，堅決不同意。他說國民黨的氣數已盡，大局已趨明朗，跑到任何地方皆逃脫不了被解放的命運。他見我不為他的話所動，特請來了兩位工程師向我分析國家大事，言下之意中國人的內戰不過是朝代的更替，解放過後，做個順民就沒事了，順民做久了，一切就習慣了。

我還是堅持男孩子應到四方「闖事業」的理念，不到最後關頭絕不可放棄。叔叔拗不過我那倔強的脾氣，拿著紙與筆，逼我寫一封給我父親的家書，內容是：「我今日之離去完全是出於我自己的意思，不是叔叔的意思。」

他說有了這封信就好辦了，將來拿著它好向我父親交代。另外，他想到我們撤退到大後方的可能路線，列了一張沿途火車站名字的表給我：「你到了某個火車站，如果改變了主意，可以就近找我的某位朋友，他可以幫你買火車票回龍游！」

我向叔叔告辭時，他塞給我了五塊銀元，並意味深長的說他還有一家人要顧，平日節省下來的，只能給我這些，並一再叮囑，一旦在一個地方安身立命，就要去教會走走。

第十章 「闖道難」

萬想不到，我坐回長安鎮的那班車，居然是濟南第一聯合中學南遷至廣州的最後一班車。車進站時，我惺忪著眼，沒注意到擠在月台上的是何許人等。下車後，方發覺是一聯中的學生，他們一擁而上，搶在前面的人順利的上了車，落在後面的人把行李塞進車窗內，再從車窗爬進車廂。他們的腰部卡在車窗檽上，前身向前搖晃，腿在車外懸空踹蹬，好像在游泳池裡游蛙式一樣。

不到片刻工夫整個的車廂為之爆滿，車門上，詹天佑上也擠滿了人。最後，大家攀爬上車頂，不一會兒工夫，車頂上也到處是人。

大家都拼命地向車上擠，我卻傻傻地站在月台上看「風景」，突然我那失掉的魂魄飛了回來，覺悟到若不趕緊爬上車，就「無法逃命」。

當我擠坐在車頂上向同學囁嚅著：「連元絲廠內還有我的行李時」，他們說：「顧不了這麼多了！如果你去取行李，火車隨時可能離站！」

雜亂的情緒在車頂上沉澱下來後，懊悔來了！心想若早機警些，察覺到坐回長安鎮的這輛車就是我們的撤退的最後一班車，無論發生什麼事，我也會坐在原位子上不動，如果是那樣的話，我將不會坐在車頂上「餐風露宿」，而且會一路坐到廣州，如今，吃後悔藥，一切徒然。

入夜時分，火車在不知不覺中啟動。

自長安鎮至杭州中間只有幾個小站，轉瞬間，抵達了杭州。此時，杭州車站上擠滿了各色人等：逃亡的民眾，撤退下來的軍人，零星的眷屬，流亡學生。大家在車站上或站或坐或到處遊走，無一不顯現出戰時的情景。各路人馬團團圍住了站長，大呼小叫地要求他加派車輛將他們疏散。

我們見狀，哪敢下車？呆坐在原地等候火車加水，添燃料，儘快的開上浙贛鐵路線。

車終於開出杭州站，可是很不幸地，一過錢塘江大橋，細雨就淅淅瀝瀝下個不停。最初，大家頂著毛毯，遮蔽雨勢，後來毛毯被浸透了，已無濟於事，乾脆將毛毯坐在屁股下，接受雨的洗禮。

大家旅途勞頓，不是打盹，就是進入了夢鄉，朦朧中聽到有重物墜落地的聲響，我們立即領會到那是怎麼回事，然而在逃難時期，各為己命，誰也顧不了誰。

車快到江西上饒火車站時，前面傳來消息說共軍渡過了長江，已佔領了宜昌，九江等地，阻斷了我們的去路。在不得已的情況下，車倒退到浙江省的江山縣境內，當火車鏗鏘停止時，司機溜之大吉。

我們坐了十幾個小時的火車，雖坐得腰酸背痛，卻還是沒有出浙江省境。如今，被棄置在荒郊野外，不知何去何從！下得車來鬆弛筋骨，男孩子跑到遠處行方便，女孩子就近在張開的傘下或在撐起來的衣服下撒尿。

大家七嘴八舌，經過一陣子的研判，決定去福州，再搭船至廣州。這是「歸隊」的唯一途徑。排成二路縱隊，在趙教官的帶領下，向福州進發。

開拔時，大家尚攜帶著行李，後來向蜿蜒的公路爬行時，體力漸感不支，遂把不重要的東西丟棄，行行復行行，再感到不勝負荷時，又將一些物品棄置，最後，僅剩下一條毛毯，斜披在肩上。

浦城是我們進入福建省的第一站，我們走進時，它已是一座棄置的城，家家戶戶大門深鎖，不但沒見到個人，連一隻野狗的影子也沒見著。

有些同學經不起長途的跋涉，就在此停住了腳步，揚言浦城解放後，就要返回山東老家，有些同學雖然跟著走，走著走著，先是脫隊，後是落單，最後失去了蹤跡。

日夜奔走，餓了即採擷山地裡的野菜充飢，渴了即捧山泉的水解渴。五月分的福建霪雨不斷，道路濕滑不堪，走在上面跌跌撞撞，一不小心，就摔個狗吃屎或大字朝天。

上一座寺院的那段，最為艱難。

無論從東方上去或者自西方下去，各得走十華里或數十華里。中間既沒有村莊歇腳，也沒有店打尖，只有一座孤零零的古剎屹立在頂端。我們全身濕透，又冷又餓，拖著小命奮力向前，到達時，身不由己的倒在山門前。

寺院龐大無比，中軸線依次為山門、大雄寶殿、藏經閣，兩側為廂房，有眾多的和尚來接我們，為首的一位一見到我們那麼的狼狽，佛號「阿彌陀佛！阿彌陀佛！」念個不停，然後，領著我們進住一間廂房，要我們好好休息，吩咐手下的和尚生火做飯。他臨離開時，向我們表示此乃佛門淨土，不可隨意造次，如有何需求，寺方皆願意配合。

亡命天涯的人能有何需求？所祈求的只不過是一餐飯及休息一宿而已。

翌日，趙教官帶領我們向福州進發。

建陽又為共軍的部隊佔領，去福州的路又被攔腰截斷，為今之計只有涉水渡閩江，抄對面山上的小路，迂迴過水吉，建甌，方能走上去福州的公路。

大家手牽著手下水，顧不得江中暗藏的危險，渦流詭譎及江水有多沁心的寒，歪歪倒倒地在水裡前進。跌倒在水裡再爬起來的過程，使涉水過江的速度趨於緩慢。當攀登上對岸的小路時，我曾看到有一具男屍，從上游漂來，臉朝下，成大字狀在水波裡打轉。

有道是蜀道難，難於上青天，但我那時覺得「閩道難」，難得要人命。

走在羊腸的小徑上，白日好辦，只需放平腳步，保持身體平衡，即可向前舉步。到了夜晚摸黑前進，簡直像是走在死亡的邊緣上一般：一邊是高山峻嶺，一邊是「萬丈」的深淵，稍不留意摔落下去，不是斷腿斷臂，就是屍骨難全。為了安全起見，大家人手一截竹竿，你牽著我的竹竿我牽著你的竹竿，連成一條線。領頭羊的同學用竹竿敲打，若聽到的是「噗哧！噗哧！」的聲響，表示是敲打到了樹葉；若是「梆！梆！」的聲音，那表示是敲打著了實地。我們就是這樣一步一步地向前，沒有人知道那夜我們走了多少路，只知道人在走路時也可睡覺。

天濛濛亮時，大家攀上了一個山頂，疲憊的再也不能向前舉步，趙教官見狀只好讓大家休息，並說：「此時是生死關鍵，必須要咬緊牙關向前走，不停的走，若再被共軍攔住，我們就沒有了歸隊的路了！」他的話剛講完，大家就東倒西歪地躺了一大片。

俄頃，耳邊響起隆隆的砲聲，並覺得大腿上有被人踹了幾腳的痛楚。猛地醒來，看見在不遠處有砲彈炸裂，灰色的煙霧向四周瀰漫，視野之內，沒有一位同學的影子，也看不見趙教官，慌亂之中，我在山頂上到處亂竄，從這邊跑到那邊又從那邊跑回這邊，我沿著山頂的弧線打轉，轉了又轉，適時，一顆砲彈破空而來，在背後轟鳴，硝煙及土石向我鋪天蓋地了過來，我腳下一軟，一個倒栽蔥從山崖上墜落。

身體順著山坡向下滑落。

站起來時，我發現兩條腿深陷在稻田裡。在田埂上我做了一個簡單的檢查：左小腿上有三處各約一公分的擦傷，右大腿上有一處約二公分的裂口及右腳踝上一處瘀傷。除了這些，褲子已經被撕成條狀，幸運的是頭部，面部沒有受到任何傷害。

此時落單的驚恐壓過了傷痛，又好像背後有魑魅魍魎在追趕，於是乎，我對著頭頂上的太陽向前飛奔，跑了一陣子後，到了一個交叉路口，我兀自站在那裡不知所措，向右或向左可能就有不同的命運，最後，我指著其中的一條，嘴裡念念有詞祈禱上蒼：「國軍乎！共軍乎！全憑你了！」

我沿著我自選的路線向前奔跑，穿過一片樹林又一片樹林，突然，一陣吆喝聲把我嚇住：

「站住！站住！」

我停住了腳步。

「雙手舉起來！把手放在頭頂上！」

我依命令而行，看到從對面的樹林裡走出來幾位荷槍實彈的士兵，一看到他們穿的軍服，心理上的石頭頓時落下。我一面高興，一面高喊：

「我是山東流亡學生！我是山東流亡學生！請問你們看到一群山東流亡學生嗎？」

他們讓我把手放在頭頂上向前移動，走至近距離時令我停住，我用我眼睛的餘光瞥見還有幾位躲在樹林裡的士兵，槍托頂著肩胛，瞄準，作扣板機狀。

為首的一位向我上下打量了一番，告訴我說：他不知道是不是「山東流亡學生」，但確實看見一隊學生走過，那大約是四十分鐘前的事，要我加緊步伐趕上去。

一路之上，這是我親身經歷到的國軍之唯一「正常」表現。

我親眼看到「兵敗如山倒」的慘狀。

共軍以一個連的兵力，像趕羊似的，追趕著國軍一個團的兵力跑。具美式裝備的國軍不但毫無還手之力，而且竟墮落到了聞聲喪膽的地步。沿路上有許多國軍弟兄脫隊，把上好的武器掛在樹枝上，仰躺在山坡上等候被俘，他們那一臉的無奈，迄今難忘。

在江山出發時，我們這隊「人馬」的數目大約在三百人左右，經過二十餘日在山區的搏命掙扎，到達福州市時，僅剩下了五十餘人。

進了福州市，我們先在一所學校門口休息。

那是一個晴朗的下午，天氣已經相當酷熱，因為有段時間沒沐浴過，一陣陣地的臭氣隨著汗水從身上冒出。大家或坐或臥在石頭地上，蓬首垢面如同乞丐一般。

福州已進入了戰備，到處看見牆壁上之「誓死保衛大福州！」的標語。

人究竟是人，不管在什麼時候，都能看得到人性，不一會兒從四面八方聚攏過來許多民眾。他們看到我們這些十來歲的孩子如此光景，唏噓之外，問長問短，從口袋內掏出硬幣，紙幣投擲進來，住在附近的老百姓提著茶壺及茶杯也來慰問，更有的人端來了飯菜。

一波一波的暖流進入我們這群衣衫襤褸的流亡學生心中。沒有慰問尚能自持，這一慰問，感情立即如黃河決堤，淚水「一瀉千里」，繼之，啜泣起來。

這一幕是大家在一起哭的場面，也是我流亡學生生涯中哭的最淋漓的一次。

第十一章　濟和輪上

福州市因遍植榕樹的關係，故簡稱榕城。如果沒有戰爭的威脅，老百姓坐在百年老榕樹的鬍鬚下品茗及下棋將是何等愜意的事，偏偏那時處在國共內戰時期，人心惶惶，哪裡還有下棋及品茗的閒情逸致？

保衛大福州的戰爭雖將開啟，但廟宇中之香火卻非常的鼎盛。我曾跟著學長們去「南台大廟」參觀，老百姓雖滿臉驚恐，卻絡繹於途，來廟裡拜拜祈求平安。

我們的如意算盤當然是能從福州搭船直放廣州，經幾次接洽，發現此一願望不合實際。想想看，在「兵臨城下」之際，哪有船配合我們及載我們去我們目的地的道理？於是乎，我們改採分段式的策略奔向廣州，只要有南下的船可搭，就搭，走一程，算一程。

在廈門我們有斷炊之虞，魯籍的海軍官兵一聽說山東子弟的處境，即把殘羹剩飯送來，解決了我們的民生問題。

五月底，我們乘「石門號」客輪到香港，由於我們沒有簽證，僅能站立在船舷上或在碼頭上，欣賞一下香港的夜景。

天亮時「石門號」把我們載到了廣州。

我們這一支五十幾名在閩北翻山越嶺的學生雖遭厄運，但前我們幾批撤退至先衡陽後廣州的學生也好不到哪裡去。浙贛鐵路顛仆難行，有時快如疾風，有時慢如蝸牛，大雨滂沱，曠時日久，坐在車頂上的學生混身浸透，飢餓與寒冷交迫，幾乎到了氣如游絲的地步。更難過的是膠鞋裡的海綿墊子經水泡久，緊貼在腳底板上已與腳底厚皮化在一起，脫下鞋時，腳底出現鮮紅的血肉，疼痛地難以著地。

更不可思議的是剛播遷到廣州的教育部中教司司長胡家健顢頇無理，不但沒有嘉勉這些拎著小小的行囊，天涯海角的追隨國府的熱血青少年，反而惡言相向：「國家完全是你們這批流亡學生搞壞的！」劉校長聽後一把抓住他的領帶，賞了他兩個耳光，進而忿恨地說：「我要打死你這個混帳！」幸虧教育部長杭立武與吳次長俊昇及時趕到，方解了胡司長的圍。也就是這一仗不但解決了伙食費，也解決了住地的問題。

濟南第一聯合中學的學生先被分配住中山紀念堂及東區五十三小學，後搬進東皋小學。

當兩輛軍用卡車把我們這五十幾位學生送至東皋小學之際，圍在現場的同學都以為我們是剛從地獄裡爬出來的人，面目黧黑可憎，衣服破爛不堪，當他們認出我們是他們歷劫歸來的同學時，即趨前與我們相擁，涕泗橫流，悲喜交集。

人真是奇怪的動物，在福建山區逃亡之際，前有未知的險路，後又有追兵，我不但沒病反而健壯十足。可是，人到了廣州，好像有時間生病似的，一鬆散下來就覺得混身軟綿綿地，一陣冷，一陣熱的發作，躺下後就爬不起來了，學長說我患了瘧疾。

廣州是最早的通商大埠之一，又是革命聖地，可資遊覽的地方很多。我每天看見同學們興高采烈的外出，回來後描繪黃花崗七十二烈士墓，陳炯明炮打過的總統府及其他景點的種種，自己是可望而不可即，心情鬱悶至極。

那時正是六月分的氣溫，整日汗涔涔地，混身膩煩，教室前雖有洗臉台設備，但我那時連用濕毛巾擦身的力氣也無。

同學們見我病得不輕，就帶我去醫院看病，我氣如游絲地倚靠在就診室的椅子上，闔著眼睛等候。

一位婦人帶著一位小朋友什麼時候坐到我的附近，我完全沒有印象。初時，我恍恍惚惚的意識到有她的存在，後來我逐漸看清她正用手巾捂著鼻子，露出一臉的鄙意，我環顧四周並無惡臭之物，及至轉回到我那骨瘦如柴的身影，才發覺我乃是致此的原兇，這個場景令我終生難忘。當時我曾發下誓言，若能活下來，定要闖出一個「名堂」，才回山東。

各方撤退至廣州的山東流亡學校，在此匯合，方知竟有八個聯中之多。學生人數雖經一路的流失，到達此羊城的學生卻在八千人左右。

八所聯中有八個校長領導，他們對今後學校的何去何從之意見並不一致。有的校長主張師法八年抗戰的途徑去大西南，並做了一番評估——蜀道難，易守難攻，國民黨在那裡會得到喘息的機會，一切尚大有可為。

有的校長說火車僅能到貴陽，餘下的路程需以徒步為之。又因國民黨已到了不可挽救的地步，說不定學校到達「大後方」之日，也就是「大後方」被解放之時。

多數的校長贊同去台灣，尤以劉校長之名言：「抗日靠山，戡亂靠水」最為響亮。他進一步的論調是：「在大陸上，士已沒有了鬥志，將已有了降心，大陸上沒有一塊土地可守，若能去台灣，中共無海軍，再厲害，現階段也無法解放台灣。」

台灣那時實行軍事管制，除軍人外一般老百姓申請入台均從嚴審核。

撤退到台灣的李振清，轉任澎湖防衛司令，見有機可乘，與眾校長達成協議——年齡在十七歲以上之男生在澎湖編入「青年教導總隊」，實行半天文科教育，半天軍事訓練，修業期滿後，可以領到高中畢業文憑。其餘的學生一律編入澎湖防衛司令部子弟學校，繼續念書。

李振清係山東臨清人，有同鄉之誼。我們原以為可以在他的庇護下得到讀書的機會，想不到這是另一個夢魘的開始。

一九四九年六月二十二日，我們於黃埔港，五號碼頭登上了一艘由登陸艇改裝之貨輪，「濟和號」。在登船之際，每人發四磅餅乾，並宣佈這些餅乾是我們航程中唯一的乾糧，不再另供應其他的食物。

濟和輪於眾人期盼中啟航。

船進入外海後的第二天，我們看到海狗跟在船的兩側，不禁讚嘆造物主之「神奇」，把海狗造得如此之矯健，同時，也想到這可能是不祥之兆，船會失事。若果真如是，我們不僅會溺斃，最終將葬身魚腹。如果不是不祥的徵兆，這群海狗怎會跟著我們的船不離不棄？

果然不出所料，船上突然起火，先看到火星四射，後看到煙霧及火舌升起，同學們立即為之驚慌，所幸船長及其屬下及時搶救，僅片刻工夫，鍋爐的故障排除，一切恢復正常。

用登陸艇改裝的貨船來當客船用，吃水量不足不論，船之平底面積大是關鍵，航行在海上若遇上大風大浪，船身會發生劇烈搖晃，會導致翻船的危險。解決此一問題的方法竟是開進十餘部裝甲車來增加船的重量。儘管如此，暈船的同學比比皆是。

大家雜亂無章的躺在甲板上睡覺，或休憩，或倚靠在船舷上想心事。

航行中的第三天就逢上了雨，雖然不是傾盆，卻綿綿不斷。大家重施故技以毛毯遮雨，毛毯濕透了，雨水就在身上流竄。

糟糕的是懷裡的餅乾，被雨水泡過成了麵糊，飢餓難耐時，僅能用手指當作湯匙挖起來充飢，含在嘴裡的麵糊，甜不拉幾，有一種說不上來的味道，留在齒牙間，黏糊糊兒的，難以用文字形容。

第十二章　澎湖從軍記

一九四九年六月二十五，「濟和輪」載我們這批山東流亡學校的學生到澎湖。船航行四天三夜後終抵達目的地。大家從渾渾噩噩中醒來，聚在甲板上指手劃腳。向東方看，晨曦佈滿天際；向海裡看，一片水域平靜而深邃；向南方看，浮在海上的漁翁島魑魅魍魎，仍是黑漆漆的一片。

天大亮時，我們看見漁夫搖著一葉葉的小舟，向我們船的方向來，當漁船到達我們船的正下方時，方弄清楚這些漁民是前來兜生意的。船上載的貨是：香煙，酒，香蕉，花生糖及小魚乾。

我們一路流亡，早已囊空如洗，剩下的僅是有限的幾件衣服及棉被。常識告訴我們台灣四季如春，留一條毛毯，幾件單衣就已夠了，於是乎，有的同學把一路攜帶來的棉被，棉襖及棉褲以幾斤香蕉的代價與漁民們交換。

在船上等了一個上午，直到下午四時左右，方准我們離船上岸。

大家被領到內垵小學的操場上集合，然後，分配至日軍留下來的營房內居住。稍做安頓，我們即迫不及待的到外邊走走。收進眼簾的是寸草不生的砂礫地，不但見不著有任何的農作物，連一棵像樣的樹也沒看見，僅外垵燈塔亮眼，既厚實又高聳。

最初那幾天，穿便衣的接待人員對我們若即若離，後來態度有些改變：客套中有堅持的一面，最後，顯示出「令」出必行的一副嘴臉，擠眉弄眼之間暗示他們就是我們的長官，命運已經注定，編入軍隊勢不可免。

在被編入軍隊之前做了一次篩選。

他們宣佈十七歲以上的站左邊；十七歲以下的站右邊。因為那時我正是虛歲十七實歲十六，我欣喜若狂的走向右邊的隊伍，但當我走到右邊快要入列時，一位身強體壯的傢伙突然竄到我的面前，疾言厲色的對我說：「你不行！你不行！」一把就把我拉了個趔趄，同時，扭著我的胳膊把我押向左邊。就是這樣，我被編入軍隊。過了幾日，我被調往「青年教導大隊」三中隊，駐紮在竹篙灣。

又過了些時日，從馬公傳來的消息說，召集去澎湖防衛司令部那裡的流亡學生，其編入軍隊的過程比我更慘。

李振清司令官及三十九師師長韓鳳儀將他們圈在澎湖防衛司令部的操場裡，四周圍架上機槍，韓鳳儀鐵青著面孔向學生宣佈：「歡迎大家來到澎湖，不過國家正處於危機存亡之秋，救國比讀書重要。」接著又說：「今日就是你們報效國家的良機，當兵是光榮的，相信你們不會拒絕！」霎時，怨聲四起，有幾位學生在列裡大聲抗議：「我們不要當兵，我們要讀書！我們不要當兵，我們要讀書！」

執行任務的幹部，要學生以高矮個子排列，來回在隊伍裡穿梭，拿著繩子量學生身高，以步槍高度為標準，與槍同高的一律編入軍隊，即使年齡十三，四歲，只要高度夠了，身體健康，也一律要當兵。

強制執行的結果，引起學生更激烈的抗議。為收殺雞儆猴，士兵向天空放空槍，有兩位學生遭刺刀穿刺受了重傷，也有幾位被子彈打中腿及屁股，此時大家亂成一團，哭著說：「我們不反對受軍事訓練，但我們也要受文科教育！」他們根本不理會學生的哭訴，並在眾校長們，師長們等的眾目睽睽之下，強迫學生脫下了學生服，換上了軍裝。

這個事件後被稱為「七一三事件」。

竹篙灣位於漁翁島的西端，地形變化多端：丘陵與谷地交錯，海岸上分佈著陡峭的山崖與奇異地珊瑚石洞，海水在珊瑚洞下涵澹澎湃，發出曠古的聲響。民宅大都建築在砂礫地上，圍以珊瑚石砌起來的牆。

綜合而論，漁翁島雖是荒島但卻是軍事重地，也是訓練野戰的好地方。

我們就在此先實施基本教練，後實行野戰演習，所遭受到的身體上之痛苦還能忍受，最使人受不了的是精神上的磨難。

大多數的幹部不僅識不了幾個大字，且說話粗魯，行動跋扈，再加上不懂如何帶「學生兵」，致在互動關係上每況愈下，我們表面上服從，內心裡反叛，但是，這種態度那能逃過老幹部的「法眼」？他們開始實施打罵教育，一邊打一邊罵：「你真活老百姓一個！」或者罵：「你不高興，對吧？你不高興你挨揍，我不高興我揍人！」

「青年教導大隊」的部隊設在小池角，距離我們的營區有四十分鐘的路程，週一得去參加例行的週會及聽韓斌隊長的訓話，間或有政工人員前來分析國際局勢。

澎湖防衛司令李振清來漁翁島視察時，我們也得趕到小池角隊部聽他訓話。他原屬龐炳勳的雜牌部隊，因緣際會由一位小小的副官竄升至副旅長，旅長，副師長，三十九師的師長，副軍長，四十軍軍長，抗日戰爭中，很僥倖的打過一，兩次勝仗，最後，在河南安陽縣被共軍俘虜，釋放後，收拾了剩下的殘兵敗將撤退到台灣，因其忠心於國府，獲東南軍政長官陳誠賞識，再給他一次試用機會，任其為澎湖防衛司令。

他所受的文科教育有限，鬧出來的笑話無算，掛在他嘴上的老生常談是「十粒花生米抵一粒雞蛋！」因此，他要我們多吃花生米，不要吸煙。因肚子裡沒多少墨水的關係，說出來的話俗不可耐，一句話裡常有「這是」怎麼長及「這是」怎麼短。

在「學生兵」中流傳許多有關他的笑話。

有一則是這樣的：某次，他講話後，亢奮之餘領著大家呼口號，前面幾個口號喊得尚稱順利，後面的一個原為：「國父精神不死！」不料喊成：

「國父不死！」此四字一出，引起一陣愕視。

他意會到了遺漏了兩個字，立即補正：「還有精神！」

他面相憨厚，老總統就是喜歡這種效忠型的將軍，有一次前來澎湖視察時，李司令對他表現的忠誠度已到了登峰造極的境地，當他被問及對時局的感想時，他竟答：

「報告總統，俺沒啥感想，俺就是你的小毛驢，你要俺往哪裡拉，俺就往哪裡拉！」

那時伙食費每人多少已不復記憶，反正在吃的方面已到了最壞的程度。

一個班十幾個人，蹲在地上圍住一臉盆的南瓜湯，其上漂浮著的是數滴油星及幾片白花花的肥豬肉。吃的是糙米飯，裡面有外殼，還摻著砂子，吃在嘴裡嘎叭，嘎叭的作響。怕吃不飽，學會了打衝鋒的技倆：「先填個半碗，吃完後再跑回去盛滿滿地一碗。」

我因為個子小排在班的倒數第二名，故以二等兵支薪，大約每月支領舊台幣七元五角左右。那時我奇饞無比，一旦領到茶色的薪水袋，撒腿就向低矮的小鋪子裡跑，買幾塊花生糖打牙祭。

抓「匪諜」的消息甚囂塵上，夜晚躺在床上，總覺得營房中鬼影幢幢。翌日起床，發現有一，兩位同學從人間蒸發，追問之下，所得到的答覆千篇一律：「他已調到另外一個單位去了」。「寧願錯殺一百，不能放走一個！」是那時常聽到的警語。

陸陸續續傳來煙台聯中校長張敏之及二分校校長鄒鑑被逮捕的消息。

他們二位校長反對以這種方式將學生編入軍隊，更反對以這種方式摧殘年幼的學生，寫信到處求援，又邀約山東省教育廳廳長徐軼千下部隊挑十六歲以下的學生。這些舉措，激怒了三十九師的師長韓鳳儀。一方面誣指他們「破壞建軍」，另一分面在他們頭上扣「匪諜」的帽子，極欲置他們於死地。

張校長被誣指為：「匪膠東地區執行委員」；鄒校長則為：「匪煙台市黨部委員兼匪煙台市新民主主義青年團主任」。

扣人帽子容易，證據難尋。

為人陰險的韓鳳儀，為了要保住自己有官無兵的師長地位，乃唆使其黨羽李復生不惜以任何的手段向學生「詐取證據」。學生若不從，則以不許睡覺、吊打、過電、灌水、滾珊瑚石等刑逼供。其中尤以劉廷功所寫之詩，最能傳神：「身在牆前臂在後／雙手反綁墜石頭／石割兩肋鮮血流／三八刺刀腿上抽／痙攣麻木無知覺／兩眼模糊赴幽州／一桶涼水頭上灌／醒來變成黑腿囚。」

「調」來的學生在這些酷刑的威脅下，要什麼樣的口供，就有什麼樣的口供，可說到了予取予求的地步，除此，為招供的合法化，他們要求不懂法律的十幾歲孩子在口供上簽名或按手印。

證據取得後，台北保安司令部，於一九四九年十二月十一日（星期日）上午十時在馬場町將兩位校長執行死刑，行刑時，有五位學生（原為六位，因有一位名叫王子彝者，病死在獄中）亦以「匪諜」罪名陪葬，最小者僅十九歲。

這兩位校長及五位學生雖是冤死，但還是經過白色恐怖時期的一個形式上的軍法審判，最心狠手辣的手段是把他們認為是「匪諜」的十幾名學生，用漁船載至澎湖外海，裝入麻袋，綴以石塊，拋到船外，任其墜入海底溺斃，名之謂：「拋錨」，其餘約五十餘名「匪諜」學生編為「新生隊」，嚴加監控。

死的死，亡的亡，管訓的管訓，編入部隊的也好過不到哪裡去，整人的技倆變本加厲。其中包括要我們在地上學烏龜爬，把雙手放在後腦袋瓜上兩腿彎曲學青蛙跳，在烈陽下全副武裝圍著操場跑五千公尺。

基本教練時，立正姿勢的要領是：頭要正，腰要直，抬頭，挺胸，收下巴等，自以為各種要求已經做到了位，卻冷不防的從我們的背後踹我們的腿，我們若能挺得住尚好，否則，冷嘲熱諷辱罵我們：「真活老百姓一個！真活老百姓一個！」美其名是訓練你的服從性，實際上暗藏著整人的玄機。

最苦的事莫過於「那半天文科教育」不可得的困境，不僅是荒廢了學業，就連過去所學的那一丁點兒也淡出了腦袋，想到這裡，我的淚水就又沿著腮幫子落下來了。

第十三章　死去活來

張鄒兩位校長被槍斃後，他們已橫行無阻，製造「匪諜」的案件也就此打住。

我們這批流亡學生被編入軍隊的確切人數無人知道，但能填滿漁翁島的一一五團，突擊排，砲兵營及填滿馬公本島之一一六團，特務營及通訊營的兵力卻是無庸置疑的。我隸屬一一五團，二營，五連，三排，迫擊炮班。

一九五〇年的秋季，我們由漁翁島移防至澎湖本島之石泉。部隊一住下來，即開始了另一波的訓練，又是自基本教練「立正！」「稍息！」「向右轉！」「向左轉！」及刺槍術「殺！殺！」等開始。

有了開小差的事。

我的班上有位名喚王安順者，平時常掛病號，可是，若逢上喝幾杯小酒，吸煙，擺龍門陣等的機會，整個的人活躍了起來。他能說，善道，富機智而又有幽默感，討大家喜歡。我們年紀相仿，高矮相似，大家都叫我們「哼哈二將」。他把我視為「親密戰友」，我把他視為「莫逆」。

有一天夜裡，趁大家熟睡之際，他悄悄地把我喚醒，然後拉著我的手到了營房外。看他行徑怪異，不禁引起了我的不安。他用手遮住嘴巴說：「小馬！我哥哥為我安排好了一切，今夜我要走了！」他頓了一頓又說：「待一切安排好了，我再與你聯繫！」原來，他是要告訴我他要開小差的事，我呆若木雞，不知道要向他說什麼，當我回過神來正要向他開口時，他冒出「保重！」二字，向我擺了擺手，遁入到茫茫的夜色裡。

翌日，王安順開小差的事傳遍了全單位，連長大為光火，誓言要把他抓回來予以嚴厲的懲處，以昭炯戒，相反地，我們卻為他高興。王育斌連長不但沒抓回王安順，緊接著是煙台聯中的同學盧鳴盛也逃之大吉。

報考軍校是離開澎湖的另一種途徑。

李振清司令官原擬將這批學生據為禁臠，將來反攻大陸成功後做為擴軍之幹部，故不允我們報考軍校。

大約在一九五一年，老總統來澎湖校閱三軍時，發現這批「學生兵」——年紀輕而且個子高大（山東人），頻頻頷首，指示李振清及韓鳳儀要我們投考軍校。

李韓二人陽奉陰違，一個連上只准兩三位報考，虛應故事。在我們連上，考入軍校二十四期的同學有劉錫賢及范子敬，進二十五期的是楊殿才，前後不過三位而已。

透過各種管道，將限制學生報考各類兵種軍事學校的事實層層的向上反映，李振清及韓鳳儀欲阻擋已無能為力，於是乎，各種軍事學校紛紛地前來澎湖招考學生。進入陸軍官校的人數最多（特別是二十四期，二十五期），政工幹部學校次之，空軍官校，通信兵學校，財務學校等的人數也不少。我那時體弱多病，一所軍事學校也沒報考。

我們駐紮在鎖港時，老總統曾喊出了這樣的口號：「一年準備，兩年反攻，三年掃蕩，五年成功」。他要我們枕戈待旦，加強訓練。若共軍膽敢越雷池一步，必予迎頭痛擊，不但能使台，澎，金，馬，固若金湯，並進而揮軍反攻大陸。

上政治課時，要讀二本小冊子《軍人魂》及《革命魂》，砥礪我們的氣節。實施體能及野戰訓練時，要我們跑得快，跳得遠，射擊準確，一言以蔽之即是要把我們訓練成以一當十，以十當百的鋼鐵般隊伍。

鞋子出了問題，膠鞋的品質低劣再加上澎湖島上的砂礫地質，一雙剛發下來的黑色膠鞋不到一個月就鞋底磨破，腳趾朝天。於是乎，老班長教我們打草鞋穿。首先，要我們把腳放在地上，然後，用粉筆沿著腳型定尺寸，最後，教我們打樁。

澎湖盛產龍舌草，是編織草鞋的上好材料：首先，將龍舌草放置在小水池裡，任其腐爛；繼之，擺在大太陽底下，待其晒乾；最後，用手抖一抖白花花的纖維就出現在眼前；搓成指頭粗的繩子，即可應用。

澎湖夏季的太陽如火一樣的炙熱，只見大家打著赤膊，穿著紅短褲，足蹬草鞋，手持步槍，在起伏的丘陵地上「整軍經武」。

不訓練的時候，即派去海岸造碉堡。大家把大石頭抬來，坐在岩石上，人手一支小榔頭，把大石頭敲成為小石頭，小石頭敲成為碎石頭，見到的是灰塵飛揚，每個人灰頭土臉；聽到的是「噠！噠！」的聲音及海潮的「刷！刷！」作響。材料齊備後，和水，攪拌洋灰，擔水泥，灌碉堡，步步都不能馬虎。

營養不良，不停的訓練再加上不停的作工，連上很多人患了夜盲症，我是其中的一個。白天視力正常，一到了夜晚，眼前即出現昏黃的一片。到了就寢時間，從營房外要一步步的摸索著才能進入營房內，再一步步的摸索著才能上上層的床鋪。

為了醫治夜盲症，上級單位送來魚肝油丸，並要求各連的軍需官向漁民採購沙魚，彌補魚肝油丸之不足。

目及開小差，投考軍校等同學之鵬程萬里；又患了夜盲症，我抑鬱極了。然而，不幸的事還在後面。

一九五二年，澎湖島上正蔓延兩種致命的傳染病：一是恙蟲病，二是傷寒。

有一天我打野外回來，突然覺得四肢疲軟，先發溫燒，後發高燒，頭暈目眩，坐不住也站不住。不到一天工夫，我們連上竟倒下來三四位。更令人恐懼的是有位名喚盧尚雲的同學於次日撒手人寰。這一下，大家為之驚恐萬分，怕傳染，競相走避。連長急下令先將我們抬出營房，再覓廢棄之民宅安置。

我被安置在下一層鋪珊瑚石，上一層鋪草蓆的床上，此時，我已經被燒得不省人事，嘴裡發著囈語。

唯一曉得要做的事就是喝水，一晚上能喝九壺軍用水壺的水，而且是喝了就尿，尿了又喝。有兩位好同學劉伯誠與袁履鈞，不怕傳染，並輪流為我灌水來，站在遠處看我病的發展，如果我被燒得站起來有危險動作，他們即近前來處理一下，如果我在昏睡，就在那裡守一陣子，逕自離去。

他們是我的救命恩人，對劉伯誠尤為感激，因為只有他與連長力辯：「馬忠良沒有斷氣之前，不能把他抬出去埋葬！」

島上醫藥匱乏，醫護人員也不足，我被棄置在那間臨海的小屋裡已個把星期，不但沒被送馬公醫院，連請個軍醫來看看也沒有。心想，聽天由命吧！我又喝了兩個星期的水，高燒雖沒退卻也沒再惡化下去。

有一天下午，我正在昏睡，突然覺得我的眼皮被撥了開來，同時，有一種亮光在眼前晃蕩，心想，不好了，恐怕是閻王老爺差小鬼前來帶我了。須臾，耳邊傳來這樣的話語：「他患的是傷寒，已到了巔峰期，如果一星期內不惡化，病就會好轉，我家裡沒治這種病的藥，就讓他熬過去吧！」病癒後，我才知道那位看我病的「醫生」是日本人訓練出來的軍護人員，日本戰敗後，他才有機會回到家鄉來服務。

我靠著不停的喝水熬過了一場大病。病癒一個多月後，皮包骨的身體逐漸長出肉來，落盡了毛髮的地方，也生出茸茸的細絲，沒多久恢復了原來的舊觀。

我雖被操得筋疲力竭，病得的死去活來，但我還是挺過來了。我們連上有位姓胡名成業的同學，鑽進了牛角尖。他於留守營區值衛兵勤務時，舉槍自盡——槍口對準肚子，用腳趾頭壓扣板機，落得肚破腸流。他的自戕在我的腦海裡留下不可磨滅的印象，到了二〇〇〇年的時候，我竟心血來潮寫了一首題名為〈墓中人語〉的現代詩來紀念他。因他係獨子，我以他的口吻，把它寫成下面的模樣：

潮來
潮去
轉眼被封在這裡五十個寒暑
季候風每年前來吹化一次
骨與肉早已滲進了崖前最硬的石頭

解嚴已十幾個春秋
南來北往的雁已無從計數
死死地被封在這裡
看不見一片白楊樹的葉子
一個雪中的腳印

同類均有承繼
有的是主幹有的是旁枝
香煙如此噴薄之我家
如沉船上的啟明燈
明滅了幾次就沉到了海底

頭頂星光
心數大浪
被封在這裡　默守

如
默守田地裡的麥浪

我把這首詩投寄《創世紀詩刊》，張默詩兄把它發表在二〇〇〇年秋季號上。兩岸三通後，我祝願他的魂魄回到他的山東老家也能守他家裡的麥田。

第十四章　軍中的文藝夥伴

在澎湖本島上，部隊隨著時日的進展，對我們苛刻的要求鬆弛了下來。不但沒有了打罵，連一句重的話也聽不見了。另外，雖然沒有公開的宣佈說：「大家可以拿起文學校裡的課本來讀」，但至少你讀文學校的書籍時，書籍不致於被沒收，當然左傾文人寫的書籍仍被列為禁書。

就在此時，我看到原隸屬煙台聯中的學生王裕槐開始寫稿。他的古文底子深厚，對唐詩，宋詞，元曲等情有獨鍾。迄今，我仍然記得他教我們李白之〈菩薩蠻〉的神情。

他老兄有個像「齇齉鼻」的毛病，那就是講幾句話，鼻子即翕霍一下。靈感來臨時，俏皮話不斷地從他嘴裡冒出。他的國語帶有煙台腔，除方言外，留意聽，不難懂。

上體能訓練課時，他最怕的項目是跳木馬，無論起跑點多遠，跑的速度有多快，最後一定會一屁股落在木馬上。

我們這批流亡學生多以二等兵及一等兵的階級支薪。食上等兵「俸祿」的全連沒有幾個，上等兵必需身體強壯，儀表出眾，具有站排頭的個子。

那時候的薪水，二等兵已調整到八元，一等兵九元，上等兵十一元。如果再講的具體些，香蕉牌的香煙是五角錢一包，我們全月的薪水不到二十包香煙的錢，買兩刀稿紙，薪水就花掉一半。

每夜熄燈號一吹，大家進入了睡鄉後，王裕槐即靜悄悄地爬起來，點起半截小蠟燭，在粗糙的衛生紙上打起一篇小說的草稿來。他那篇小說的題目我已經想不起來了，可是做為副題的兩句詩我還記得：

在天國的花園裡，一朵花正盛開，
而地上的一朵卻凋謝了。

他是在寫一位個性木訥卻具高尚靈魂的年輕人，胸懷大志，為了救鄉民脫離水火，結局是死在血泊裡。一九五〇年代，台灣最暢銷的文藝雜誌是《野風》與《半月文藝》。完稿後，他將它投寄給《野風》，稿子刊出來後，全連弟兄為之爭相閱讀。

王裕槐手寫的文章變成鉛字，在我心裡激起了漣漪。於是乎，我也東施效顰，偷偷地寫了一篇題目為〈大兵日記〉的文章，約三千五百字，投寄給《半月文藝》。

我在大陸上僅讀完了初中二年級及三年級兩星期，國文底子不言而喻。為了怕退稿回來，惹起別人的譏諷，在該稿的末端特加了個註記：「編輯先生，如不採用，請不要退稿」。

誰也料不到，兩個月後，做伙食委員的王裕槐自馬公採購回來，告訴我《半月文藝》刊登了我的那篇稿子。為了早一點看到自己的文章成為鉛字的模樣，特請假專程去馬公買了一本回來。《半月文藝》的老編不但沒寄稿費，竟也沒贈閱一本，真是吃定了新手。

與王裕槐文學素養不相上下的另一位老哥是楊振瑛。他寫一筆俊逸的毛筆字，也能作畫，營區內舉辦壁報比賽時，就請他繕寫與畫刊頭。

他們從大陸帶來了許多名詩人的作品，這些名詩人是：徐志摩、袁可嘉、孫毓棠、李莎、臧克家、艾青、冰心等。楊振瑛把他們的作品抄寫在一個小筆記本上，不必費心去琢磨他們所寫的詩作意涵，單憑欣賞楊振瑛的那一筆俊逸的鋼筆字，就令人賞心悅目。出操之餘，二位就拿出筆記本來鑽研。他們不讀時，我就借來讀。

若以個性論，王裕槐比較開朗，楊振瑛比較沈潛。他們是先寫小說後寫詩，從王裕槐的詩句裡看得出有古詩的影子，譬如：「青山何曾沉默？越過我凝眺的眼睛……」；楊振瑛的詩比較現代，但是，如今我是一句也記不起。

總而言之，他們寫小說我就跟著寫小說；他們寫詩我就跟著寫詩。

有一個夜晚，我竟徹夜未眠。聽著夥伴們此起彼落的鼾聲，望著窗外的月亮，想著學業無以為繼的困境，不覺悲從中來，淚水決堤似的再也止不住了。傷心一陣子後，一首題名為〈月夜〉的「新詩」於焉完成。天亮後，我迫不及待的把它交到王裕槐的手中，他讀後，鼻子抽搐了幾下，悶聲不響的改成：「時間的鞭子抽打著心弦／眼眶裡孕育著奮鬥的眼淚／深夜，我靜臥在灑滿銀光的床上／看窗外幽邃的天空／一鉤新月照顧著燦爛的星斗／夜像一位端莊的少女／靜靜地吐放著神祕的誘惑／藍色的夢織成又碎了／看流星劃過天空／我諦聽著春光的腳步默默走過。」

每一位詩人都珍惜他的第一首詩作，其實，〈月夜〉僅能算是我的半首詩，《海島文藝》發表了它。

在澎湖島上我住過外垵、內垵、竹篙灣、石泉、鎖港、烏坎、隘門、白沙，最後落腳於雞母塢。

究竟什麼時候與詩人李春生結識，已無從記憶。只記得那時的李春生具十足地憂鬱氣質，熱情十足。

星期假日，他常來看我，他一見到我，就緊握著我的手，用濃重的山西腔調的國語呼叫我的名字。我們談文藝，新詩，人生等。送他回營時，我們沿著雞母塢的海岸線走，一面走一面聽他朗誦他的新作。當我快送他到他的營房時，他就藉口送我，我又藉口送他，他再又送我，我再又送他。就這樣地，一條海岸線來回走上四五回，一個星期假日就這樣消磨殆盡。

朱光熹原來是寫舊詩的，與我們結識後也開始寫新詩。他寫詩的素材多取自澎湖的海，砂礫的土地，強勁的季候風，在沙灘上拾貝殼的孩子及用毛巾包住半個臉，用花布裹住手臂，小腿的澎湖姑娘。

一個星期天，因緣際會，大家在馬公街道上不期而遇，相約赴照相館拍照，因此，留下了一張彌足珍貴的照片。李春生在這張照片上題的雋永的話頗具詩意，也說明了我們那時的少年情懷：「將信念播種於人生的沙漠，我們熱情的謳歌！」

他把此幀照片連同我們的詩作寄給了他的四叔——前輩詩人李莎。李莎見我們皆是戎裝少年，又熱愛文藝，於是為我們各取一個筆名：李春生（李菁）、王裕槐（王谷）、楊振瑛（楊曄）、朱光熹（朱朗）、我（馬丁）、孫景福（因沒寫詩，沒為他取筆名），並將我們寫的好一點的習作，推薦給文藝雜誌。

在澎湖島上結識的另一批文藝夥伴有郭光仁（郭兀）、王傳璞（王璞）、王金芳（王舒）、曹繼曾（季文）、周亞民、丁承忠（魯丁）、王學寬等。

郭光仁最初的筆名為孜人，表示他用孜孜矻矻的精神追求他的寫作生涯；他那些情真意遠的散文，大多在千字左右，常在各大報副刊上露面，令人好生羨慕，改筆名為郭兀是中篇小說〈夢痕〉在中央日報上連載的事。〈夢痕〉的可讀性很高，有許多讀者，一大早就去買報紙，搶先閱讀，據說連名作家司馬中原先生也不例外。連載完畢時，讀者不滿意這篇小說以悲劇收場，紛紛要求他改寫成團圓的結局。

王傳璞是詩，散文與小說的三棲作家，翻譯上也見工夫，他所譯的賽珍珠之《北平的來信》曾在《皇冠雜誌》上連載，也曾在無線電台上廣播過。小說以《永恆的懺悔》最為出眾。其後，他用攝影機為台灣六十五歲以上的老作家做錄影傳記，成就了他的名山事業（有人稱他為當代太史公）。現今，他的這種創舉不僅蜚聲台灣也遠傳大陸及世界，許多著名的圖書館都典藏了他攝製的台灣作家錄影傳記磁碟片。

王金芳，傲岸不群，卓犖不羈，他的詩作以清新見長。那時我們尚不知他具繪畫天賦，誰也沒料到數十年後，他成了水彩畫領域內之翹楚，不僅彩筆揮灑在國內的天空，也享譽國際，現人在奧地利。

曹繼曾所寫的新詩有濃郁的散文味；周亞民（其夫人為名作家愛亞）則是位有多方面才賦的文藝少年，十多年後，他步入了廣播界。

春節時，除了吃吃喝喝及慶祝「爆竹一聲除舊歲」外，我曾與六連的張勇，四連的公維陽，王文燮（後曾任聯勤總司令，國防部副部長等）同台演過話劇，以成本最低廉的方式，就地取材達到娛樂戰士的目的。王文燮與我男扮女裝同演劇中唯一之女主角，他演前，我演後。

一九五二年，在換湯不換藥的情況下，三十九師改編為五十七師，一一五團改編為一六九團，我被編到了團部連，連級及營級單位的主管皆不變動，僅團長易人，由韓斌改為袁子濬。

第十五章　成功嶺上

一九五四年，我們終等到了調防至本島的機會，告別了一住五年的澎湖。從高雄登岸後，一路上，一路走，一路演習，向座落於中台灣之成功嶺訓練基地挺進。到了夜晚，我們大都借住在中小學內，把兩三張課桌拉在一起，和衣而臥的睡在上面。有時候也在農村裡過夜，把屋簷下的過道打掃乾淨，鋪上稻草，毛毯就成了臨時的床鋪。

有一次，我們這個班被分配至一戶人家裡過夜。這戶人家人口簡單，有兩老，兩小。過了一夜後，發現這戶人家全憑一個小媳婦幹活！只見她一會兒去燒飯，一會兒去洗衣，一會兒去添豬食，一會兒去菜畦裡採擷菜回來；她把一件一件的工作有條不紊的做完。

她那沉默寡言及毫無怨言的表情令我好生欽佩。心想，如果將來我能解甲歸田討一個像這樣的媳婦，在鄉村裡度過餘生，於願足矣！

過了端午節，台灣的天氣是一天比一天炎熱。頭戴鋼盔，身背被包，頭頂著火燒似的太陽，腳踏著熱氣騰騰的柏油馬路，其難受的滋味無法形容。

我們這個行軍部隊，自高雄碼頭出發時，尚有模有樣，過了田中後成了烏合之眾，尤有甚者，大家走了幾天後，有的人腳底下都起了水泡，磨蹭出血，一瘸一拐地向前走，狀如蝸牛。人在受苦時，最好是把思想游離出去，我先來做娶一位鄉村姑娘的夢，後來做成為詩人的夢。走著，走著，我好像被電光石火擊中，一首〈蝸牛〉的「詩」應時而生。那晚抵達住宿地時，就忙不迭的把它寫成：「我是一隻蝸牛，生活在陰暗的角落／人們從不理睬的從我面前走過／但是我呀，有不被理睬的快樂／雖然我的容貌醜陋／但有一軀殼保護足以自衛／觸角是我一對心靈的眼睛／能覺察出何時是晴天，何時是雨天／跟這世路的坎坷／你是翱翔於青空裡的鳥，你儘量的飛吧！／你是優遊於河水裡的魚，你幸福的游吧！／一切榮耀，幸福都屬於你們／把譏諷，惡毒的白眼投擲過來／我將勇於忍受／爬行在自己的路途上／不管風吹雨打，前途茫茫／我將毅然的邁向我生命的前程」。

這是一首明朗的「詩」，《葡萄園詩刊》第六十七期發表了它。後來，文曉村先生將它選入他寫給青少年《新詩評析一百首》的動物篇裡，他因此書得獎。

我們花了一個星期終走到了成功嶺。

記得抵達烏日時已暮靄低垂，雖然覺得全身勞乏，但對新環境充滿了好奇。因營區集中在一個地方，見面容易，我們的那些愛好文藝的朋友雖隸屬不同的單位，也沒有口頭上的邀約，卻「有志一同」的去郭光仁處集合（因為他工作的單位是團部，目標大）。在李春生的慫恿下，我們決定出一份油印詩刊──《青蘋果》，來調劑一下軍中的生活。

寫稿的人不缺乏，計有王璞、舒蘭、季文、朱朗、王舒、李春生與我，但真正捲起袖子幹活的人只有郭光仁，從編排，刻鋼板到油印一手包辦。

我們也結識了一位寫詩的新朋友單彛鎮幹事（單人）。他是郭光仁的頂頭上司，官階中尉，一切的一切，只要他點頭就算定案。《青蘋果》是長城部隊《實話報》的附屬品，原則上不對外發行。

《青蘋果》沒有正式的組織，也沒有稿約，就這麼煞有介事的出將起來。詩刊油印出來後，人手一份，互相切磋詩藝，自得其樂。

迄今，猶記得曾為資深詩人沉冬寄來的稿子錄不錄用起爭執的事，李春生說：「儘管沉冬是一位資深詩人，《青蘋果》是認稿不認人！」但是，我認為沉冬寄稿子給油印詩刊，完全是出於鼓勵性質，由此也可看出，我們那時辦詩刊是如何的認真！

詩刊出了一陣子，有二位詩友考取政工幹部學校去了復興崗，另外一，兩位調往其他的單位，大家星散了，詩刊之出版也就無疾而終。

在成功嶺上，另外值得記的事是孫立人將軍之一席話：「第一，我這人一生都穿毛襪，它吸汗不致染上香港腳，因此，要發毛襪子給大家。第二，行軍過後，無論你有多累，千萬不要立刻就寢，一定要洗澡或者洗洗手腳，因為它不但解除你的疲乏，也會使你酣睡！」

部隊經過成功基地訓練後，我們被調往谷關接受山地訓練。此時，連長易人，他見我字寫得尚工整，文句尚通順，給我補了一個中士的缺，做文書上士的工作。

谷關那段日子是我軍隊生活中最愜意的一段。或許由於山地裡空氣好的緣故，精神為之振奮，體力亦隨之改進。晚飯後，隨大家去觀瀑布飛瀉，雀鳥歸巢的情景。詩的產量也豐富起來，《野風》是我的詩作主要發表園地，也偶爾在《現代詩》及「公論報詩頁」上露面。

第十六章　台中事件

我們這批八千多流亡學生除了被編入馬公子弟學校的，考取各種軍校的，因病退役的，被裝入麻袋丟入海裡的，被槍斃的，自殺的及因生病亡故的之外，留在軍中的士兵，此時約在九百人左右。

這部分人中以不願終生做軍人的居多，也就是說吃了鐵錘死了心，任長官怎樣為我們「洗腦」，我們就是不願在軍中留下。我們唯一的要求就是恢復學籍，回到原來的學校，完成未竟之學業，這個夙願最終演變成了集體請願事件。

在軍中集體請願是件大事，發起人搞不好，輕者會被關在牢裡，重者會遭「處決」。因此要：一、人人皆是發起人，不能突顯英雄主義；二、具義正嚴詞的藉口，且能舉出具體的事實說明受到的不公平的待遇；三、集體請願人之處境要能得到朝野公正人士的同情；四、一切訴之於非暴力的「抗議」。

也傳來這樣的主張：一不拿槍，二不暴動，三不宣誓，四不叛國。

一九五五年四月二十五日，在台中后里營區突然口耳相傳的去台北請願，如雲聚集，如響應聲，大家步出營區趕往台中火車站集合，冀望有什麼車，就搭什麼車，趕赴台北申冤。

正值大家鬧哄哄地在台中火車站前集結時，大批憲兵及時趕到，將我們團團圍住。我們採取「不開口」政策；他們則採取「柔性」的監視。為防止有「漏網之魚」，他們令站長延遲開往台北的班車，並在車上來回搜尋。

大家或站或坐在台中火車站前總統銅像之周遭，起初大約是五十多人，後來竟高達到三、四百人左右。有的同學以「跪」的方式表達無言的抗議，也有的同學閉著眼睛在默禱，大多數的同學坐在那裡低著頭凝視地面。

大家兀自在那裡虛耗。

圍觀的人越來越多，不許記者採訪，當然也不許記者拍照。空穴來風竟傳出《紐約時報》（The New York Times）的記者也前來插一腳，在他們的鍥而不捨的追問下，所得到的答覆竟是：「這些阿兵哥愛國心切，請求去外島殺敵，因他們的請求遭到了拒絕，所以出此下策！」

時間一秒一分的過去，來銅像前靜坐的學生有增無減，只允許進，不允許出。

圍觀的民眾抱著好奇的心理在觀看，一心一意的等在那裡要看這場戲的完結篇。

軍方在民眾環伺之下，不敢把每個人上手銬，腳鐐押上軍用卡車載返營區；也不敢以二對一或四對一之優勢將人拖走；更不敢開槍驅散。以上任一輕率行動，必引起大亂。最好的方式就是一而再，再而三的「曉以國家、民族的大義」勸我們自動回營。若此招失效，只有等待至夜深，人潮散去之後再強行處理。

大家的共識不外有下列五點：

一、一九四九年國家處於風雨飄搖之際，我們被編入軍隊，防衛了台澎，金馬並已服役了六年。中美協防條約已簽定，國家局勢趨於穩定。

二、同是流亡學生，從大陸上隨軍來台各大學的流亡學生及東北撤退來台之長白師範學院的學生，不但沒被編入軍隊，而且政府成立了行政專科學校照顧他們。

三、同是流亡學生，一九五三年從越南富國島隨黃杰將軍的部隊來台的豫衡聯中的流亡學生，悉數為員林實驗中學收容。

四、同是流亡學生，一九五三年從大陳島撤退來台的流亡學生，亦被員林實中吸收。

五、一九四九年後，先至香港調景嶺及澳門，後又輾轉來台之流亡學生亦獲准進入實中。

經過此一比對，同是流亡學生，我們所得到的待遇之差別何以如此之大？大家無不義憤填膺，認為政府真是虧待了我們，於是乎，大家感覺，出來請願是有道理的。為今之計，只有團結，因為團結就是力量，也只有團結，方不致遭到個別懲處，即使遭到懲處，也是集體性的。

街上圍觀的民眾，有的來，有的去。大約到了一時左右，第一軍團政戰部主任易瑾菘臨現場。他來之前大家多是席地而坐，他一到現場，大家立刻改成跪姿，面孔一律朝向總統的銅像。他站在軍用卡車上，拿著擴音器向我們喊話：

「弟兄們！我瞭解你們的問題，我一定會向上級反映，短期內定有答覆，大家先回營區等候！」

我們毫無反應，他又把剛講過的話重複一遍。

此刻全場鴉雀無聲，空氣凝固在那裡。

他見同學們個個低著頭，緊閉著嘴巴，就拍打著胸脯向大家保證：

「我是你們的父兄，你們這樣做就等於殺你們的父兄，解決問題，總得給些時間吧！大家起來！起來！回營區去，我保證短期內定有答覆！」

雙方對峙已經到了凌晨二時，軍方調派了一個師的兵力來「伺候」我們，認為再任這批「士兵」「胡鬧下去」不僅有損軍譽，也會影響國家形象，如果再勸說無效，即要強行拖走。

大家已洞悉被包圍的事實，去台北請願的希望至此已灰飛煙滅，也只好來個將計就計的暫時鳴金收兵回營房去，等待捲土重來的機會。

料想短期內絕對解決不了復學的問題，也預期最壞的結局即將到來，那就是把這批流亡學生分別編至全國各部隊裡去。

一旦被分開，再發動請願將是難上加難，於是乎，事不宜遲，大家再行串連去台北請願。

軍方見狀立即採取了斷然的措施，用卡車將我們三三兩兩分別載到各個單位裡去。大部份編進八十一師，有三十九人被逮捕，四人被判罪。常永賡七年，常松山，徐佳起各七年，常永賓十年。其他三十五人被囚禁，半年後，送改造隊管訓。

石立泉，李繼倫及我被載到了中壢龍崗第一軍團之通信兵群，報到後，又把我們「下放」至群部連，群部連之主管立即發給我們每人一支筆一張紙，要我們寫自傳。我在自傳裡究竟寫了些什麼，現已沒有印象，但我最後一段內寫：「我的志願是復學」，確鑿無誤。

新單位派我們三人都做文書工作，職掌明確，業務單純。

沒過幾天我們就上了路。長官們知道我們的遭遇後，頗表同情，鼓勵我們去參加軍團部舉辦之「軍中隨營教育補習班」，隨營補習教育旨在提升軍人之文科素養，是國民政府的一項德政。

教英文的王元亨老師最為風趣，來上課之前已小酌了幾杯，他一進教室，立即酒香四溢。或許是酒精作祟的緣故，談興十足，許多英文高手（顧維鈞，吳炳鍾等）的遺聞軼事夾在講課中出現。

有一次，他臨時「起義」要我們各就熟悉的事物寫一篇三百字之內的作文。我的表現不賴，贏得了全班之讚賞，王老師說我有英文寫作的潛力。

也是在那個時候，我寫了兩篇題名為〈魏老師〉及〈我的姐姐〉的散文，投寄陸軍總司令部辦的《精忠報》（因為全群部連內，只有這一份報紙），獲得發表後，高興了幾日，很可惜的是這兩篇散文的剪報早已不知去向，不然的話，我會複印一份寄給現住南京的姐姐。

第十七章　醫院春秋

我在中壢龍崗第一軍團通信兵群的日子過的尚稱心如意，如果不去想復學的問題的話。同時，我為自己立下了一條戒律，就是腦子不得再轉向復學問題，如果一不小心轉上去的話，得立刻「懸崖勒馬」。

我清楚地意識到我那時的悲觀心理，若放任自己去鑽牛角尖，我將會憤怒的不能自拔，進而發瘋，最後，很可能走上自戕的地步。

我把一切的一切置於腦後，抱著活一天算一天，能活著就好的打算。

不幸的事情又發生了，有一天我吃過午餐後，躺在寢室的鋁床上，放鬆身心作午睡的調息，由於天氣燠熱，打著赤膊，穿一條短褲，腳對著敞開的鋁窗，頭朝著兩排相對有上下鋪床的過道，入睡。那真是個甜蜜的酣睡，一覺醒來，覺得四周發亮，窗外的花草對著我發笑。

漸漸地我覺得我的左膝蓋隱隱約約的作痛，爬起來不看則已，一看，嚇了一大跳，原來上面隆起了一個如雞蛋大小的包，文書上士余化清說不礙事的，用熱毛巾敷，過一陣子就會好。

幾天後，不但沒有轉好反而加劇，痛得連腳著地都成了問題，我被送進了八〇五野戰醫院。經過X光照射，驗血，敲敲打打等後，診斷是急性風濕性關節炎，也診斷出我心臟有指幅的擴大，需住院治療一段期間。

在八〇五醫院，我認識了二位好友：高悟跟孫宗良。前者是護士，後者是主治大夫。他們也是繆司的信徒：前者用真名發表詩作；後者以筆名「魯松」見報。其時他們正熱戀中，狀極親暱，有時形影不離的來病房巡視。

我原本對人生充滿了樂觀，即使在澎湖病的死去活來，也沒放棄。如今，復學絕望，又躺在病床上，心情低到了谷底，連帶著寫出來的所謂「新詩」也滲透出無限的消極。一首題名為〈我的詩〉的詩表明我那時消極到何種程度：「或許有一天我突然死去／涉過淺水的沙灘／長居於森林中的墳墓／那時我想我的詩會變成一隻能言鳥／在樹枝間翻飛／婉轉的唱出世界上最美好的歌／我就會含笑瞑目／儘管墓上爬滿了荊棘，地上的苔蘚濃密／或許，我想我的詩像樹上的黃葉／一片，一片的搖落／被人的腳與歲月的車輪踐踏在污泥裡／一如我，被人們忘記／或許我的詩什麼都不像／人死了，詩也埋葬在墓裡。」

這首詩發表在「公論報詩頁」一六二期上，確切之日期為一九五七年八月十六日。

在八〇五住院的那段時期內，王傳璞、郭光仁、王金芳及朱光熹從各地趕來看我，患難兄弟，真情相見。

王傳璞已從政工幹部學校新聞系畢業，習得一手的攝影技術，大家相聚，不得不拍幀照片留念，於是乎，他選了一棵樹作拍照的背景，恰巧那是株槎杈怪樹，有一粗樹枝歪歪地從主幹中伸出，低的程度，既可以站在上面也可以坐在上面，我們在它上面擺出多種的姿式。臨拍照時，他喊著：「大家笑一個！笑一個！」拍完後，他獨對我說：「忠良，你太憂鬱了！」

與我的霉運相同的是李春生。他考取了政工幹部學校，拍了一張戴軍官帽的戎裝照，已分寄我們分享他的榮耀，我把它拿在手上端詳良久，覺得照片裡的人英姿煥發，眉宇間蘊藏著千丈的豪氣，哪裡像那個往昔憂鬱氣質的詩人？我立即寫信向他致賀。

很可惜，他在復興崗，僅待了一個月，校方發現他的背景資料有不良記錄，立即令他退學。這對他來說自然是晴天霹靂，導致他滿腹牢騷，行為怪異，而且是每況愈下，結局是被調至馬祖最前線。在外島更形「冥頑不靈」，最後，以「頑劣兵」來懲治，先被押解至宜蘭受訓，後又被送到台東岩灣之「管訓隊」。

他曾來信向我索取《聖經》，冀望藉上帝的教誨：「壓傷的蘆葦，他不折斷；將殘的燈火，他不吹滅。」來撫慰他那創傷的心靈，我將我手頭上唯一的一本寄他。

八〇五醫院是第一線的醫院，原則上是病人在此急救治療，若痊癒則歸建，否則就送後方醫院。因我患的是慢性病，需要長期治療，又因我有一位濟南第一聯合中學時期的同學劉泰來，適在桃園五十二醫院任駐院醫師，便主動請求轉往該醫院。

五十二醫院規模較大，設備較齊全，除了撥出後三排病房供肺病患者療養外，餘下的三排做普通病房用，收一般病患，我被安置在有幾棵樹的第二排普通病房內。一間病房有六張床位，各三張分兩排靠牆設立，中間留有通道。

我的床位剛好在一位老病人（老兵）跟一位小病人（充員戰士）的床位之間。這位老病人患的是十二指腸潰瘍，小病人則是腎臟病。他們二位雖病的不輕，但卻很好動。那時全國的電影院在星期日加演一場早場電影，免費供三軍戰士觀看，他們吃過早餐後，就匆匆地趕去桃園市中心最大的一家電影院。

有一個星期天，這位老兵看完電影回來，就叨唸著肚子痛疼，值班醫師在他肚子上敲敲打打，用聽筒在各部位聽診後，認為「可能」是慢性盲腸炎，也「可能」是吃壞了肚子，命他服藥後等等看。

翌日，主治醫師來看他，又折騰了一番，診斷之結果仍維持原來之研判，可是，這位老兵不停地說他肚子痛。到了中午，主治醫師帶了另外二位醫師來會診，其中一位說他「可能」是患的慢性盲腸炎，因為他把手用力的按在病人的盲腸部位，病人表示痛疼的程度有和緩；另外一位則持懷疑的態度說依據病人自述：看完勞軍電影後，於歸途中，他吃下一碗的牛肉麵，辛辣的作料可能是引起肚痛的禍首。

最後決定開刀，探個究竟。

正當三位醫師作開刀預備之時，他已痛得直冒冷汗。當看護兵們看到他兩眼向上翻，全身痙攣，即急忙用擔架抬他到手術間，可是晚了一步，於途中他竟歸天。

解剖後查出來的原因是：「大便堵塞」，這位老兵死的真寃！

睡在我床右邊的小病人，年紀約在二十三，四歲。初看到他時，他已沒了人形：面孔黃得像蠟紙，手像雞爪，腿瘦削得像竹竿，頭頂上已沒有了頭髮。全身上下都在萎縮，唯有一個地方大，那就是積水的腹部，上面佈滿了青色的血管，像蜘蛛網，根根清晰可見。儘管如此，卻有兩個器官例外：一是慧黠的眼睛；二是帶笑意的嘴巴。醫生與病友對他的病不抱什麼希望，他自己卻沒有絲毫的氣餒，談到他自己的病情時，他很有自信的說：

「我患的不是肝硬化，是腰子的毛病，吃對了藥加上調養就會好轉！」一副樂天知命的氣定神閑。

「你怎麼知道？」醫生問

「因為這是家傳病，我母親告訴我的！」

「就是腎臟病……」醫生接不下去了。

「別擔心，醫師！我會好的！我一定會好的！」

最令人叫絕的是他挺著積水的大肚子在病房與病房之間遊走，跟病友話家常。主治醫生來巡病房時，他總以一貫的自信回答醫生：「我一定會活著走出醫院！」有一天，他抱怨著說：「我一夜跑了四，五次廁所！已經快沒有了力氣。」一反他日常的自信，兀自躺在床上自艾自怨的呻吟。

他服了醫師開的止瀉藥還不到兩天，奇蹟來了，不但止住了腹瀉，就連腹部裡的積水也一天天地消退。住院醫師簡直不敢相信自己的眼睛，連呼：「真是不可思議！」並建議他：以「多餐少吃」的方式來調適他的腸胃，結果不到一個月，他的身體漸形豐滿，細絲在他頭上、身上到處出現。

不到半年，他真正做到了他所講的：「我一定會活著走出醫院」的心願。

我在五十二醫院看到了生之欲望，也見識到了死亡，頓覺人生無常。想起叔叔告訴我的話：「無論走到哪裡，到教會走走！」

一九五八年，我在桃園市一間信義會的教堂內受洗。此教會與其他的教會最大的不同是在洗禮儀式方面：信義會是行洒水禮（Sprinkle），也就是牧師在行將受洗的信徒頭上用沾過水的手指，彈下幾滴水珠：其他的教會則要將信徒全身或者頭部浸在水裡。給我施洗的是位美籍牧師名叫安德生，他出生在河南，受教育在河南，傳教在河南（一九四九年前），能講一口道地的河南方言。

第十八章　李平伯的智慧

我們這些留在軍中服士官兵役的山東流亡學生，若沒有像李平伯這樣「智多星」的人物，退伍的日期恐怕還得向後拖延；退伍之規劃也沒有如此之周延。

他是山東濟寧縣人，原名為李元豐，何時改名李平伯，我不知道。當我們從「青年教導總隊」改編為三十九師時，他與我同被編到一一五團，二營，五連。雖然我與他在同一個連上吃了好幾年的大鍋飯，可是，不是屬於同一個排同一個班，鮮少往來，甚至連一句話都沒交談過。一九五二年，我被編到一六九團的團部連時，與他分開的更遠。

有一天，他也住進了五十二醫院，原屬同一單位的我們，此刻在醫院裡邂逅，彼此儘管穿著病號衣服，但高興之情溢於言表。

此時李平伯之表現：處事謹慎，說話委婉，而且每說一句，常思索再三，一個字、一個字的冒出，極盡吞吐之妙，舉手投足間，頗具三國諸葛亮的風範。

相處久了，我才曉得他正單槍匹馬的為山東流亡學生之復學問題奔波於桃園與台北之間，每隔幾天，就去台北一趟，總是早去晚歸，當事情有進展時，看不出他有任何的喜悅，當一無所獲時，也看不到他有任何的沮喪。

依我的觀察，李平伯的策略是：一是提醒有關當局，雖「花編」了學生，問題依然存在，還會「有人」在台北市發動一連串的活動，繼續向有關當局請願；二是把山東流亡學生遭遇的不公平發為文字，投書平面媒體，製造輿論上的壓力。

當他看到國防部及教育部立場軟化，有誠意與其就復學問題願與他溝通時，他即先站在他們的角度看問題，後站在流亡學生的觀點上講話，在細節上之做法是把打了結的「問題」一環一環的解套。

集體復學至員林實驗中學的問題不外乎是：一、校舍不足。二、設備欠缺。三、復學經費的支絀。四、「老童生」之分配問題，全部進入特別師資訓練班或者有其他的方案？五，集體復學人數龐大，員林實中在心理上沒有準備，如何處理？

李平伯得先縝密地深思後，提出這些問題的具體解決方案。

他向有關當局暗示留在軍中的流亡學生是剩下來的「渣滓」，不是學識太差考不取各種軍校，就是身心殘障不堪任用。若留在軍中，徒然消耗糧食也影響士氣。這種「妄自菲薄」的說法使國防部對留在軍中之山東流亡學生產生「雞肋」的感覺，不如早日解決為妙，以免養成後患。

李平伯雖在策略上軟硬兼施，但在態度上卻表現的極為謙遜，尤其在警備總司令部調查他時，頗能以「悔過遷善」的口吻來博取警總的長官對他個人插手山東流亡學生復學案的同情。他與各部門的「上級」見面久了，「醞釀」出些情面，爭取到了國防部的長官，教育部的司長，及立法院的委員之同情及諒解，進而與他們共謀解決之道。

最大的顧慮為責任歸屬問題。

老總統過去曾去澎湖視察，知道有這批學生的存在，如果有那麼一天老總統心血來潮，問起這批「學生兵」的下落，誰來負責？最後，演變成立法委員挺身而出說：「立法院負責！」方解決了山東流亡學生復學案的最大瓶頸。

處理流亡學生的這個案子稱為「木蘭專案」，雖還有些枝節上的問題有待解決，但大體上已定案。有一天，李平伯平靜的告訴我：「退伍之成功機率已十之八九，不過還是要等到拿到退伍證方算數！」

第十九章　外雙溪

我在五十二醫院療養到一九五九年的夏季，病情沒有轉好也沒有轉壞。同時，感到既然復學有望，在醫院裡的那種陰霾氣氛中等候命令，就遠不如補到一個單位裡去等候。於是乎，我透過一位鄉賢的協助請調到台北外雙溪行政學校服務。報到後，被派至勤務隊擔任文書工作。

勤務隊的隊長名喚潘培田，係安徽籍。他一見到我，即開門見山的告訴我他看過我的個人資料，並說我有兩個選擇：「一是隊上有個介於軍官與士官之間的缺，如果我願意留在軍中，先佔文書上士缺，後補准尉缺，繼之，帶職受訓，受訓的地點就在本校；二是去報考大學。」

我毫不猶豫地告訴他我要報考大學。

勤務隊的文書工作比我服務過的任一單位之文書工作來的輕鬆，既沒有規劃案可謄寫，也沒太多的公文可簽，實有的工作僅是：繕寫全隊弟兄們領薪餉的名冊，發每月的配給香煙及在弟兄們需要工具時，填寫申購報表單。

隊上的弟兄均來自大陸，有不同的身家背景，文化水準參差不齊，有的甚至於一天的教育也沒受過。

他們的工作包羅萬象：炊事、駕駛、園藝、警衛、傳令、通信及清掃等。對他們來說，最難對付的事是颱風過境後收拾殘局的工作，因為校地面積大，死角很多，不僅需全隊出勤，還需幾位身手矯健的弟兄能爬上爬下。

隊上有位來自四川的弟兄名喚董天超者是箇中好手，膂力特大，他一個人可當好幾個人使喚，只見他爬上爬下，不到吸一枝煙的工夫留在屋頂上的斷樹枝及落在地上的敗葉清得一乾二淨。他唯一的嗜好就是吸煙，煙癮大到了一天要消耗兩包的程度，我常把分剩下來的香煙送給他。

有那麼一日，我發覺鎖在抽屜裡的香煙款不翼而飛，此一發現非比尋常，立刻向潘隊長報告。他頗為詫異，繼之，冷靜地說：「我來處理！我來處理！」到了晚上點名時，他宣布了此事：

「馬上士在我們隊上做事如何？」隊長問著丈二和尚的弟兄。

「很好！」弟兄們的口徑一致。

「為人如何呀？」

「好人一個！」緊接著弟兄們滿臉狐疑的問隊長：

「出了什麼事了嗎？」

「他收的香煙錢竟然不見了！」隊長提高了嗓門繼續說：「我不要調查你們，你們中間誰拿走了誰心中有數，限你在三天之內，不管用什麼方式把錢送還，既往不究，就當事情沒發生一般，否則一經我查出來，我就會……」

第一天過後，沒有任何動靜，第二天過後，也沒任何結果，全隊的弟兄似被壓在低氣壓之下，一聲不響的悶在那裡，喘不過氣來。

潘隊長這種沒言明給予何種處分的警告的確產生了震撼力，就在第三天時，潘隊長悄悄地把一個黃色公文袋塞給了我，向我暗示就是他動的手腳。

在眾多弟兄中有位姓王名桂山者，年紀比我大有十五、六歲，個性很內斂，寡言到一天說不上幾句話，處處與人不搭調，唯獨與我有緣。

他常來我的辨公室內坐坐，喝喝茶，默默地看我處理公務。等一切處理完畢後，情況許可時，我們就外出散步。我們沿著外雙溪往山裡走，走走停停地欣賞沿路的風景。

他曾告訴我：「我離開大陸時，娶有妻室，如今反攻大陸無望，教我如何自處！」一面說，一面嘆息，眼裡閃著淚光。

我對他說：「像這樣的情形，不只是你一個！」

外雙溪是一個山明水秀的地方，一到那裡我就想寫一首詩歌頌它。可是，它的美是多方面的：涉及到自然景觀（群山圍繞）；人文景觀（東吳大學，行政學校，那時尚未建故宮博物院）。心想，以我的這點才氣，任怎麼樣絞腦汁，搜索枯腸也無法以詩的形式來呈現。正欲放棄之際，一篇題名為〈閑步外雙溪〉的散文卻不請自來，完稿時我算了算字數大約有七百餘個，因它牽涉到一個故事，我把它全錄在下面：

如果說城市是喧囂複雜的交響樂，那麼說鄉村該是一支幽靜的小夜曲。屈指算來，調來士林外雙溪已經有三個多月了。每當傍晚，薄暮低垂時分，我總在外雙溪的溪畔閑步：看太陽西下，雀鳥歸巢的情景。那一輪通紅的太陽走完了一天的路程，好像還貪戀著這個世界，做最後的掙扎，他所發出的光輝有紅的，紫的，黃的，藍的，構成一幅美麗的晚霞，又像火山爆發，火焰四射，供人遐思，凝想。

那些不知名的雀鳥，經過了一天的忙碌，在樹梢上低飛，轉一個圈子，再轉一個圈子，投入山林的懷抱，最終趨於沈寂。腳底下是一畦綠油油的稻田，陣風起處，如萬馬奔騰的海浪向你襲擊而來，一會兒又恢復她原來的嫻靜。如果你凝神的注視著她們，你不禁地會發出會心的微笑，因為她們似頻頻的向你致歡迎的頷首，默默無語的像一群羞澀的村姑。她們不了解人間的醜惡，虛偽，險詐，一個勁兒地散發著旺盛的生機。

身後面是清冽的外雙溪，匯合著從山裡流下來的清泉，緩慢的流著，惠及兩岸的子民。上游高矮不等的岩石處，有急水的沖擊，發出悅耳的潺潺聲，串串的水泡形成了又破滅。下游水深處，有三五成群的阿兵哥在泗水，浮著，沉著，彼此嬉戲地打水戰，扎猛子，笑聲，喊聲織成一片，天真的像孩子。

溪的對岸是東吳大學，巍巍的大廈矗立在山腳下，雖然在暑假期間，闃無人跡，仍不失它最高學府的莊嚴。從遠處傳來一聲汽笛聲，那是黃皮的二十九路公共汽車，背後揚起一陣塵土，一群野孩子在與汽車賽跑，吆喝著，呼喊著，終於跑不過它，逕自跑了回來，一切是如此的靜謐與祥和。

我凝視著，幻想著，不知什麼時候墨綠的天際已掛上了幾顆銀色的星星，我舒一個懶腰，打一個哈欠，順著一條小徑向自己的巢走去。歸途中，我想起了嘉爾賓所說的一句話：〈絕對的寧靜可以使人心胸擴大，產生一種膨脹的快感〉。我想，我此刻是的。

我將此篇散文投寄《青年戰士報》的副刊，約三星期後，該報副刊寄來一封沒有署名的短箋：「〈閑步外雙溪〉一文已經決定採用，不日即可見報」。但是，這位老編附帶著向我推銷他的著作，我將書款寄上後，我的這篇拙作方見到了天日。他寄來的那本類似西洋文學概論的書，幾經搬遷，我已不知它流落到何方去了。

第二十章　大學之路

我在行政學校「韜光養晦」了一個秋季，對報考大學的事即認真的考慮起來。三民主義，國文，英文，中外歷史及地理均可自修，唯獨數學端賴老師的點撥。數學是甲乙丙丁四組的必考科目，若得零分，其他科目考得再好也不會被錄取。於是乎，決定去補習班看看，能不能單補數學？探聽之下，方知道補習班裡的老師各懷絕技，能對各個別考試科目於短期內做重點整理，裨益學生的了解及記憶，對學生考取大學有關鍵性的幫助。權衡之下，最後決定是六科都補。

行政學校有交通車行駛於外雙溪與台北市之間，週日下午下了班，我即隨交通車到座落於館前街之「建國補習班」補習，晚十時下課後，先搭十路公車去士林後，再轉搭二十九路的末班車返校。

建國補習班以堅強的師資陣容為號召，打出了升大學保證班。迄今，猶記得一些名師的名字：英文婁子豐，國文巴壺天，歷史朱桂，地理王洪文及數學吳功勛（也是教物理的名師）。其中有兩位老師所教的，對我後來能考上成功大學外文系有決定性的幫助，一位是教中外地理的王洪文，另位是教數學的吳功勛。

王老師可能把中外地理教得滾瓜爛熟了，上課從不帶他編的講義，每次來上課時，總先問坐在前排的同學上一堂課講到那個地方啦，問清楚後，反身就在黑板上畫本堂課要講的地理地圖，然後便按圖索驥滔滔不絕地講起課來。

他要學生記住各個地方的特色，並把這個特色寫成容易記的一句主題句，然後從這個主題句推論到該地的其他種種。譬如說：有什麼樣的氣候就有什麼樣的農業；有什麼樣的礦產就有什麼樣的工業。逐步去演繹，去歸納，就可得到正確的答案，不必死記。

我對數學怕的要命，逮住機會就向吳老師求脫困秘笈。他表示：「乙組數學考題每年都有一題行列式出現，如果有行列式，我保證你至少可拿到五分或者六分。若了解行列式的前因後果頗費腦筋，你只要記住：用各行相加起來之總數，來減掉各列相加起來之總數或者用各列相加起來之總數，來減掉各行相加起來之總數，即可得到答案。」又意猶未盡的說：「每年聯招會都會把數學得零分的考生錄不錄取的問題拿出來討論，過去有考生數學得零分上大學的案例。況且，距聯考尚有一段時間，按時間表來上課，每日演算幾題，你會發現數學是蠻有趣的。」他怎知道我數學的程度僅有初中二年級的程度？

我不僅對數學考零分可讀大學的說法憂慮，而且對能不能退伍也起疑。轉瞬間，我的憂慮及疑惑又為之釋懷，既然吳老師說行列式題目的出現率高，李平伯又說案子已經確定無疑，讀大學的願景絕非愚人亂發夢囈。

我又像是「一個擺盪的人」（a dangling man）在「成功」與「失敗」間擺盪。可是，已經繳了補習費，已經上了考大學的船，船在航行中，不考大學也不行了。

聯考日愈來愈近，我除了在週日下班時間內去補習，星期六也趕去上一上午的課。聯考逼近時，更是緊鑼密鼓，連星期六下午及星期日一整天也得上課，冀望在有限的時間內複習完高中三年的重點。

猶記得那些個星期六中午上完課後，去新公園稍做午休的情形：先在許昌街上買一張蛋餅及一杯飲料，一邊吃喝，一邊向新公園走，抵達時午餐業已用竣。躺在涼亭內午睡，一覺醒來頓覺精神百倍。放眼望去，看見許多對青年男女在各個小天地內卿卿我我，聯想到自己的處境：士兵不准結婚。什麼人訂定的，斷人子孫，天理、公道何在？

我先收到國防部調查山東流亡學生退伍的公文，繼又收到調查有無學生欲於一九六〇年報考大學的公文。前者要求填寫姓名、兵籍號碼、籍貫、年齡、入伍時間、地點，最早的服役單位及現任職級；後者僅需姓名而已。一切的跡象顯示，我們退伍復學在即，夢想終將成真。

投考一般大學的軍人分為兩類：現役軍人及退伍軍人。前者投考大學多以國防工業上的需要為考量，也就是說只准報考理工科。退伍軍人報考大學無科別的限制，但享有加分優待（國民政府的另一項仁政）。為了享有這種權利，特請求國防部造考生名冊，並函請教育部轉聯招會先准予我們這批考生以退伍軍人身份報考，待正式退伍證書頒發下來後再補驗。

經過幾度波瀾，大學的報名手續總算完成。心想，只要數學不得零分，應該「輕騎過關」。到了聯考的頭一晚上，我躺在床上輾轉反側，數了幾千隻黑羊及白羊也無法入眠，儘管下定決心不要去想別的事情，專注在聯考上，但往事卻似海浪般的向我襲來：如何的離開大陸，如何在澎湖被李振清、韓鳳儀編入軍隊及如何的來到台灣。如果我有本錢的話，退伍後去學做生意；如果我有有錢的親戚可投奔的話，退伍後就去投奔，不必將屆三十而立之年還去讀勞什子的大學。我兩者皆無，只剩下讀大學一途，求得一紙文憑將來能夠在社會上活命。

思前想後，直到凌晨四時左右方朦朧睡去，睡不到兩小時，即急忙趕公車去設在師大附中之考場應考。

第一堂國文考完後，我就對我的粗心大意懊悔不已，因為我誤讀了題意，將要考生解釋一句古文裡的一個關鍵字，改解釋一整句。例如：「肉食者『鄙』，未能遠謀。」考生只需就「鄙」字一個字解釋即可，不必八個字全部解析。我將有十小題這樣的一大題，全部以解釋整個句子作答。如果閱卷先生仔細閱讀，他可能就答對的部份給分數，否則他為了趕進度，一看「答」不對「題」，此一有二十分的一大題，定給零分無疑。好在下面兩科我考的尚好，不然的話，很可能打退堂鼓了。

翌日早晨，第一節考的科目就是數學。我拿到試題紙後，神情驚慌，心臟跳動加速。翻閱之後，赫然有一題行列式出現，欣喜之餘，在幾分鐘求出了答案。然後，悶聲不響的坐在座位上，坐足了四十鐘考生方能離開試場之規定，悄悄地繳卷，離開試場。

在填志願時，我填了四所大學的外文系：台大，師大，政大及成大。

聯考過後，我拿著報紙對答案，查對的結果，覺得很可能就這四間大學中擠上一間。最大的如意算盤是能考上師大英語系，因為，師大學生享有公費，畢業後又能獲分發，就有了鐵飯碗。

大約在一九六〇年的七月中旬，我們這批流亡學生奉命到台中市立二中集中，等待辦理離營及復學手續。物換星移，聯考的事早就忘到了九霄雲外。

在員林實驗中學尚沒有正式「接收」我們之前，行政院國軍退除役官兵輔導委員會委託花蓮師範辦理的特別師資訓練班（簡稱花師特師班），前來為我們舉辦檢定考試，如果考過的話，將在花蓮師範受訓一年，又如果能把規定之修習科目經考試及格，即分發至全國各地小學內充任教師。心想，小學教師也是作育英才的神聖工作，當然也可安身立命。於是，我開始學起注音符號來，並拿報紙上的〈短評〉或〈社論〉來朗誦，冀望在面試時能字正腔圓的作答或寫作文時，能起承轉合的得心應手。除了國語文外，還考了些社會學科目，由於剛經過聯考，記憶猶新，沒遇到難題，記憶中沒有考數學的印象。

發榜時，我在名單上看到了自己的名字。離開台中時，我領到了退伍證，退伍原因欄內載有：「依額退伍」的字樣。除此，我領到的是：蚊帳一頂，便服一套，黑皮鞋一雙，被褥一床及遣散費新台幣九百四十元整。

這批被錄取到花蓮特師班的流亡學生，從台中市搭火車先至基隆，再由基隆碼頭轉搭貨船至花蓮。

在花蓮住了兩個星期，適值颱風來襲，對外之海陸空交通完全中斷，報紙自然買不到，連帶著聯考放榜的消息也無法獲得。我考取大學的消息，還是有同學於聽收音機時無意間聽到，輾轉傳到我，我當時是半信半疑。

颱風遠颺之後，報紙運到了花蓮，證實我考取了成大外文系。高興的是我讀大學的願望終於實現，憂傷的是我領到寥寥無幾的遣散費哪能應付未來之四年？

我拿「船到橋頭自來直」的話來寬慰自己。

也就在同時，曾與我在五連同一班的王裕槐正駐防在花蓮，他已從政工幹部學校新聞系畢業，不曉得他是如何得知我們來到花蓮的消息，於一個例假日，出人意料的出現在我們的面前。在他的主導下與當年五連的弟兄們先到一個小飯館聚餐，後到照相館裡拍照，表面上說：「為了慶祝我們在花蓮重聚！」照片沖洗出來後，在上面題的字竟然是：「歡送馬忠良兄考取成大攝影留念」。讀畢，不禁淚流滿面。

在花蓮又住了一個星期，我即匆忙趕往員林實中等聯招會寄發之錄取通知單（大學報名時，要填寫一個通信地址，我因為那時尚未正式退伍，無法建立戶籍，故無任何民間地址可填，只有填員林實中做為通信處）。

依據成大寄來之學雜費明細表，若以退伍軍人身份註冊，可享學費全免，雜費減半的優待。除此，開支的項目尚多，譬如：住宿，圖書，服裝及伙食等，手頭上若沒有八百或一千元的現款過不了註冊的第一關。但我盤算著，不住學校宿舍，與同學在校外合租民房省下多少？買舊課本省下多少？大學服不做省下多少？不吃學生餐廳省下多少？計算下來的結果，覺得身上之現金應該尚能應付。

辦理新生註冊手續是在成大勝利校區裡的圖書館樓上進行，輪到我時，我恭恭敬敬地把我的退伍證書呈交給一位身裁矮小的上校教官查驗，希望通過他這一關，辦理學費全免，雜費減半的手續。他拿著我的退伍證書端詳良久，然後，很不客氣的說：

「你不能辦減免！你不能辦減免！」

我似遭雷擊，愣在那裡，講不出話來。

「請問我有退伍證書，為什麼不能辦減免？」

「因為你的退伍證書上是〈依額退伍〉，不是〈傷殘退伍〉。」

「請問有關減免學雜費的條文上有這樣的規定嗎？」

「我說你不能減免，就是不能減免！」他立刻惱羞成怒。一方面把我的退伍證還給我，另方面示意要我走開，接著冒出這樣的一句話來：「你這麼年輕就離開了軍隊！」

任我如何求他，他一點聲色也不變。

此一當頭棒喝令我驚慌失措，適時一位年紀約五十歲的職員起身把我拉到樓下對我說：「真是豈有此理！你可去台南團管區找向司令求援，請他以後備軍人團管區名義出具公函說明，凡在軍中服役十年以上，持有合法退伍證，考取大學者，皆可減免！」

台南團管區承辦業務的人員，在聽完我的申訴後，參閱著退伍軍人考取大學院校學雜費減免的條文連聲說：「哪有這回事！」並立即簽發公文，要我隨身帶著它再去註冊。我把台南團管區發的公文直接交給原先拒絕我的那位上校教官手中，他依然滿臉霸氣，指著我的鼻子說：

「這是不合法的！這是不合法的！你知道嗎？」怒氣填膺，且橫眉豎眼，但是，他手裡持著台南團管區發的公文，也不知該如何處理，最後快快不樂地說：「這一回，我給台南團管區向司令一個面子！下次不得減免！」

他在我的註冊單上蓋了章後，我已毫無顧忌，很想得理不饒人的與他爭吵，出一出我受的這莫名的怨氣，但是，念及我那時初入社會，一切以「忍」字為先，而作罷論。

第二十一章　大學生活

一九六〇年代的成功大學是省立的而非國立的大學。校區僅有兩個：成功與勝利；學院也僅有三個：工學院，商學院及文理學院。這三個學院皆設在成功校區內，其餘的如圖書館，學生宿舍及餐廳設在勝利校區。另外，在成功校區內有一個四百公尺的操場及四個籃球場。既沒有河流穿過校園，也沒有湖泊點綴在其間。校園最大的特色是：一、工學院大道，二、日式建築風格的系館及三、蔥鬱的大樹。

開學的第一天，我們一班六十六位來自全國各地的學生即在最靠南邊的籃球場集合，主持整隊的是山東籍的系教官李廣成，他見我年紀比一般的新生長了許多，就用指定的方式任命我做班長。

李教官之指定並不適合，因為我剛自軍中下來，未熟稔文學校的「氣候」，會習慣性的將軍中的那一套搬來用，鬧出笑話尚是小事，招惹起眾人的忿怒最為尷尬，幸虧我有先見之明，以「服務為快樂之本」為大家做事。

在成功操場整理好隊伍後，即魚貫進入成功廳等候開學典禮開始。那天在典禮上校長閻振興，教務長莊君地，訓導長丁作詔，總務長劉顯琳等都講了話，他們那時究竟講了些什麼，迄今已沒什麼印象。唯一記得是校長那一口河南腔：「成功大學，這幾年在各方面都有長足的進步，這是人所共知的！」我把這幾句話後來轉述給時讀工管系三年級的學長劉朝賢聽，（他亦是山東流亡學生，後任審計部主計處第一廳廳長），他說閻校長這句陳腔濫調早已在同學間轉化成對他的調侃：「成功大學，這幾年在各方面都有長足的進步，這是人所共知的，振興什麼都好，就是脖子短了一點！」當然，這樣的話得用河南腔說，否則不會覺得好笑。

那個時候，我們外文系簡直是物理系的「附庸」。系主任室及系辦公室不僅是物理系的教室改裝而成，即便是上課的教室也是借自物理系，大家擠在狹隘的空間內覺得十分的不自在。幸虧，教室前有個花木扶疏的小庭院，下課後，大家在其間走走或者聊聊天。

位於我們系館之南，也就是行政大樓的後面，有一個小禮堂名叫「格致堂」，是日本人建的，風貌獨特，且具多種用途，例如：演講廳，大班上課，集體考試等場地。

北面接化學系館，右側樓上的教室，比較現代化，既寬敞又舒適，且有窗簾的裝置，美籍華裔林英敏老師（Amy Lin）在此曾教過我們約瑟夫・康拉德（Joseph Conrad）的短篇小說〈女巫的旅館〉（The Witches' Inn）。

我們的系主任是來自台大外文系的傅從德教授，約五十出頭，年紀不算老邁但已童山濯濯，臉上架著一副金框眼鏡，學者風範十足。

他教我們大一英文，對文法頗有功夫，尤其對過去分詞之應用了得，因此考試時，常出過去分詞（past participle）的題目要我們註解它的功能。我們被這樣的題目考得久了，就稱他為PP先生。

他文法上的另一招數是無論句子多麼長及複雜，總能把它「五馬分屍」圖解一番：哪個形容詞修飾哪個名詞，哪個副詞修飾哪個形容詞，又哪個副詞又修飾哪個副詞，絲絲入扣。在他編著的英文教本及文法書裡，常見到一些名作家所寫的句字以圖解的方式來呈顯。

卡立神父（Father Callier）是我們的會話老師，係美國籍，噸位很大，常見他挺著個大肚子騎著重型摩托車來上課。他是個老煙槍（chain smoker），煙癮大到了嘴不離煙，煙不離嘴的地步，上課時，一邊吞雲吐霧，一邊講課，神采飛揚，快樂的似大羅神仙。他最窘的時候是忘帶足夠的煙，最後一根抽完了，就向吸煙的同學伸手，若得不到時，就將一枝自來水筆銜在嘴角上「充數」。他使用的教材極為簡單，重點是：句句都是日常的用語。

胡漢傑老師是我們語音學的教師，剛從英國回來，講一口流利的英式英語。常舉一些中國學生最常犯的錯誤來對照著說明，例如：把 of 發成 off，將 live 讀成 leave，將 world 讀成 word 。

胡老師有一套教語音學的教材，當我修完他教的這門課時，覺得它的實用性十足，然而如今事隔多年，在他課堂上學到的東西，早已還給他了。他身材高䠷，五官不凡，戴著墨鏡，頗為灑脫。

吳振芝教授是教我們中國近代史及西洋通史的老師，浙江人卻講一口標準的國語，上課的節奏不緊不慢，把錯綜複雜的歷史糾結一一的歸納或者演繹。她特別重視學生的自尊心，若有學生期中考試不及格，她會偷偷的塞給他或者她一張小小的紙條，告誡他（她）期末考試小心。

我讀一年級時，感覺最苦惱的事是沒有經濟來源，與我情形相同的是劉光華。初時，我們曾有意共組家教班，後來我發現招來的學生有限，所得的收入僅能供他一個人的生活，若再加上我，實無能為力。於是乎，我自動退出，把註冊剩下來的錢做最有效的利用，常常是饑一頓，飽一頓的來上課，掙扎在休學的邊緣上。

鄭振東教官在他九六新村的家裡開設家教班，知道我的困境後，為我開一班初中英文，方使我把大學一年級上學期熬過。

大一下學期時，我那些軍中文藝的夥伴王傳璞、郭光仁專程來台南看我，臨告別時，他們傾囊相助：郭光仁把剛收到的一篇散文稿費悉數給了我；傳璞送給我大約半個月的伙食費；同鄉張春聲（軍校二十五期），適駐紮在台南炮兵訓練中心助我四百元；遠在花蓮的周廷奎兄及王金芳老弟也寄支票來。

大二時，教我們文學課程的卡若塞夫婦令人難忘。他們夫婦來自英倫三島，皆在台南神學院任教，教書之餘來成大外文系兼課。卡若塞先生在我們班上開「西洋文學概論」，其夫人在別的班級開「英美小說」。西洋文學範疇太廣，即便是「概論」也無法在短短的一，兩個學期中教完。於是乎，他把約翰，酌水先生（John Drinkwater）所寫之《文學概論》（The Outline of Literature）編寫成條列式的講義，令學生對照著讀，令我們獲益匪淺。他人很風趣，又妙語如珠，常引起哄堂大笑。台南屬熱帶性氣候，生活在這種氣候中的婦女容易受孕，有一天，他來上課，竟冒出這麼一句：「我太太昨晚生產，是個男孩！」

教我們美國文學的是伊頓夫人。因為她把 ABOUT 這個介係詞讀成「阿標得」，所以我們就戲稱她為「阿標得」夫人。她教了許多美國詩人的詩，迄今，我只記得她教的那首愛倫坡（Edgar Allan Poe）所寫之名詩：「安娜巴・李」（Annabel Lee）。她與她的先生是傳教士，在台灣傳教多年，已經把台灣看成了第一故鄉。很不幸的，有一年冬季，她們回到美國過聖誕節時，遇上了大風雪，她先生在家門前剷除積雪，突然腦中風去世。

二年級的功課雖然壓力很大，卻由我在班上發起了「會話俱樂部」。

我們的會話俱樂部既沒有組織章程，也沒有口頭上的制約，班上的同學隨時來參加成為會員，也可以隨時退出，唯一的要求是每星期六騎單車到外籍教師家去練習英語會話。參加的會員若願意買些點心及飲料帶去分享固然好，不帶什麼東西去也不以為忤。

看到外籍老師站在門口喜形於色的接待我們時，我們就覺得已接觸到了西洋文化。最初，我們是天馬行空的漫談，覺得沒什麼效果；後來擬定了些主題，事先做準備，方言之有物，一方面增進了智識，另一方面也學得了口語英文。

這個「會話俱樂部」對我幫助很大，破除了我講英語的羞澀感，也養成了我爾後喜歡用英文表達的習慣。

印象中，我們曾到中國老師（朱耀龍教授）家一次。他鼓勵我們要不怕犯錯誤，流利的口語英語是來自不斷的淬煉。

在大學二年級伊始時，我們這批以「依額退伍」之軍人列入了行政院國軍退除役官兵輔導委員會的補助，每學期有三百五十元的生活補助費，緩和了我經濟上的困難。

在我讀大三時，遇到了安德遜（Anderson）夫婦：安德遜先生教我們「聖經文學」；安德遜夫人教我們希臘文學。他們二位亦是來自英國，在台南神學院做專任教席的工作，在成大每星期各兼兩小時的課。

安德遜老師有長者風，待人極為誠懇，雖係傳教士卻很幽默。教聖經文學的材料多來自《舊約》之〈創世紀〉，〈出埃及記〉，〈約書亞記〉，〈士師記〉，〈路得記〉，〈撒母耳記〉，〈以斯帖記〉，〈約伯記〉及《新約》的四福音。他說《聖經》的舊約注重在「誡律」，也就是說，以色列人必須服從誡律；新約注重在「恩賜」，也就是說，得救恩完全是出自神的愛。聖經是西洋文學的源頭之一，沒有幾個成氣候的作家不受其影響。另外，他以邏輯的方式來教學，非教徒的學生也能接受，進而引起學生對《聖經》探討的興趣。

安德遜太太是一位風華絕代的美女，她那善於表達的口才及神情將《伊里亞特》（Iliad）裡之特洛依大戰（The Trojan War）描繪的淋漓盡致。她曾問過我們一個頗值得玩味的問題：「在特洛依城攻防戰中，有兩位赫赫有名的將軍，請問那一位將軍是你們的最愛，攻城的阿克里斯（Achilles）？抑或守城的海克特兒（Hector）？大家齊聲回答她是後者，她說她也是，前者太傲慢，後者比較謙遜。海克特兒是悲劇英雄，悲劇英雄更能贏得同情之淚。

「莎士比亞」雖然是選修課，但是同學們覺得讀外文系的沒修過莎士比亞那像是外文系的學生？於是乎，這門選修的課變成了必修課，人手一冊厚厚的莎士比亞全集，挾在腋下，在校園內來回穿梭，蠻像是那麼一會事。其實莎翁三十七個劇本我們僅扎實地讀了《如願》、《哈姆雷特》及《威尼斯商人》三個劇本。另外《利爾王》，《馬克白》，《奧賽羅》及《羅密歐與朱麗葉》四個劇本是撿精彩的片段讀的，僅可以說涉獵而已。其餘的劇本連涉獵也算不上，就連它們的名字也都記不全。

教我們這門課的是系內最資深的趙默教授。他教我們的方法是句讀，也就是參照著註解一句接一句的翻譯，並把艱深的英文法不厭其煩的解析，如果他發覺他的講解學生仍是一頭霧水時，就再重新來過。趙老師聲如洪鐘，教一堂課下來，常見他以小手巾擦拭他臉上的汗水。

那時，成大外文系所開之英文選修課由系主任「統管」，若他認為某某教授所開之課對學生有益，選修就變成必選；有些選修課，若沒有系主任的加持，便無法開成。大三下學期我「鬼使神差」的選修「西洋哲學概論」，也因此成了馮維仁老師的入門弟子。

因選修這門課的僅有三個學生，成了名符其實的小班。日子久了，馮老師知道我係退伍軍人，又是隻身在台，生活上的艱困不言而喻，於是乎，他為我從「南台灣方圓會」（Southern Taiwan Compass Club）弄到了一個獎學金，對我有莫大的助益。

那時的「南台灣方圓會」的成員多係美國人，在台灣從事各種技術上的顧問工作，除定期的餐會外，也做些慈善工作，獎助清寒學生便是工作項目之一。他們於春節聚餐時，我也在被邀請之列，於是乎，我準備了一篇文情並茂的致謝詞，其中有幾句是馮維仁老師改寫的文句。

大學四年級時，愛彌理（Daniel Beeby）老師教我們西洋戲劇。迄今記得他教我們亨利克·易卜生（Henrik Ibsen）的《人民公敵》（An Enemy of the People）之神情，既憤懣而又同情那些愚昧的人民。赫瑞司（Harris）老師教我們演講課（Public Speech），不要問他授課的內容，單單地聽他那一口悅耳的英式英語就令人癡迷。

馮君來老師教我們英國文學史，其教學方法至今無人出其右。他把一本蓋伊·司米斯博士（Guy E. Smith）所寫的英國文學史（English Literature）分段，分節及分章的改寫成了問題句。換句話說，他是以問題求取答案的方式來教學，如果你能解答了他列出來的所有問題，那麼你也就讀通了那本英國文學史。果真，他這種教法，加深了我們對英國文學史的認識。

馮老師髮白的連一根雜色的毛也沒有，身體清瘦，老態高出其實際的年齡甚多，有位同學告訴我說：「馮老師像一株乾了的樹，混身上下散發著枯木的味道，只有眼睛還散發著智慧的光輝。」我們真擔心他會因體力不濟，倒在課堂上。

他是江蘇人，鄉音太重，我們聽不太懂他的話，致演變成他講他的課，我們坐在座位上參照著他列的問題在書上劃答案的局面。

另外，他喜歡點名，有一次將一位女同學名喚黃淑霞的喊成了類似「黃豆芽」的聲音，引得全班大笑。

我原住學生宿舍「勝三宿」，住了一個學年後，覺得一間八個床位的宿舍太吵，於是乎，我乃偕同同班同學鄭繼宗，共租大學路八巷一家民房改建的學生宿舍：一個房間，兩張床，一張書桌及兩把椅子。繼宗與我背景相似，我們除能維持吃飯，穿衣，住宿及購買圖書的最起碼的學生必需外，其他的免談，去上課多以破舊的腳踏車代步，窮小子窮快樂，有時一邊騎車，一邊吹口哨。

此段期間有兩件大事發生：一件發生在國外：另件發生在國內。

一九六三年，十一月二十一日美國總統約翰・甘迺迪在德州達拉斯遇刺，舉世譁然，更荒誕的事是兇手李哈維・奧絲華得（Lee Harvey Oswald）已為警方所逮捕，未幾卻被捷克・盧比（Jack Ruby）在警方戒護森嚴中槍殺滅口，覺得美國這個國家不可思議。

一九六四年一月十八日晚上八時左右，我們兩正在房間內面對面的苦讀英國文學史（因為明日要考期末考），突然覺得天搖地晃，立刻意識到地震來襲，初時尚不以為意，後來震動的幅度加大，我們倆趕緊鑽到桌下避難，地震過後，我們爬出來面面相覷，有一種患難兄弟的感覺。那次地震為芮氏六點一的地震，震央發生在台南縣的白河鎮，造成一百零六人死亡，六百五十人受傷。

那時中文系與外文系的系館相距不遠，經常看到一位瘦骨嶙峋，穿著特大號大衣的老太太在我們教室走廊內穿過，日子久了，才知道她是已屆古稀之年，五四時代的文壇健將蘇雪林。

讀一年級時，教我們三民主義的老師名叫陳鎮惡。陳老師個子不高，胖嘟嘟地，從丹田內發出來的聲音卻聲震屋瓦，我斜睨著窗外正在低著頭走路的蘇教授，被這麼大的講課聲震住，停下了腳步，先是諦聽，後是搖頭，最後，是捂著嘴，笑著離去。

蘇教授是反共及反魯迅的健將，外文系館走廊裡經常有她的出現，迄今成了我回憶大學生活之一幕。

第二十二章　南投中學

我們這班上像我以退伍軍人身份來讀大學的另外有兩位：一位是徐朝齡（後曾任國貿局副局長），另位是繆立中（後曾任成大外文系副教授）。我們三位雖在年齡上大我們班上的同學十餘歲，但在學業上沒有落後。

一九六四年的六月，當鳳凰花在鳳凰樹上綻開，並開的紅似火的時候，校園內已唱起了驪歌。有的男同學回家去等候入伍令，有的女同學已經拿到了美國大學入學許可，有僑生身份的同學則收拾行李，預備返回僑居地，我們三位因為已服過兵役，勿需再行入伍，且我們三個人中的徐朝齡在畢業前就有了工作，剩下的只有繆立中與我憂慮畢業後的出路。

衡量一下自己的個性，覺得還是以教書為宜，於是乎，我即向這個方面努力。

當時有兩位師友願伸出援手：一位是時讀機械系四年級的張志行同學；另位是教過我們政治

學時兼總務長的劉顯琳教授。前者說他有位好朋友在省立南投中學擔任庶務組組長，可以寫封信去一試；後者推荐我去彰化縣大村初中任教。

二位一致的表示，如果我不挑剔地點，避開西部縱貫鐵路線上的都市，去稍微偏僻一點的學校「屈就」，應無問題。我那時想，先找個安身立命的地方要緊，哪裡有選擇的餘地。

首先，我去投中見孫鴻章校長。那時的台灣尚沒有訂定省辦高中、縣辦初中的政策。南投中學是一所初高中合在一起的完全中學，校舍寬敞，教室羅列在馬蹄鐵形的基地外，從外觀上看起來，頗像個樣。

孫校長在他的辨公室內接見我，於禮貌性的寒暄過後請我入座，並直截了當的問我：

「我們知道你在軍中服役過，請問你在軍中服役了幾年？」他一面上下打量我，一面看我的簡歷表。

「我在軍中服役了十一年」，我於回答過後，立即看出他面部上表現出來的猶豫。

「我們原有一位英語教師已遞了辭呈，昨日他又把辭呈要了回去，表示要繼續任教。我看這樣好不好？我們把你的履歷表建檔，一旦有了英語教師缺出現，我們即聘用你。」

這顯係拒絕之辭，如果沒有缺，你怎會要我自台南前來面試？癥結就出在我的「退伍軍人」身份上。解讀孫校長心中疑雲的智慧我當時還是有的：「一、你是以退伍軍人身份報考大學，你的學業成績能與一般生並駕齊驅嗎？二、你的英文能力能教我們投中（南投中學是當時南投縣最好的中學）的學生嗎？」談話及此無以為繼，即起身告辭，走到校長室門口時，我突然靈機一動，順手從褲袋裡掏出一份成績單遞給了送我至門口的孫校長：

「我這裡剛好有一份我四年級下學期的學業成績單，它是用來向行政院國軍退除役官兵輔導委員會申請獎學金用的，退輔會規定每學期學業平均成績超過八十分以上者，皆可獲兩百元的獎勵金。」

他把我那張成績單拿到貼近他的眼鏡下，審視每一科下的成績，表情立刻起了變化，攔下我，示意我轉回校長室重新入座，同時吩咐站在一側的事務處葉主任說：

「葉主任請你把人事室主任請來！」

片刻工夫，人事室主任趕來，孫校長一方面為我介紹，一方面向他說：

「現在就發聘書給馬先生，聘他為本校高初中英語教師！」就這樣我拿到了我生平的第一張聘書。

離開投中後，我就趕去大村初中面試。

大村初中是一所典型的鄉間學校，可以用「樸實無華」四個字形容它的一切。校長更是樸實的可愛，尚沒談完幾句話就問我結婚沒有，在他知道我還沒成家時，就說如果我應聘到大村教書，他願充當我的媒人，並表示劉顯琳教授是他往昔的老長官，他信得過他，在我沒去面試前，就已經決定聘我。我曾向他表示他的這種豪爽個性，我十分欣賞。

我回台南的途中，曾在員林逗留一，兩個小時，拜訪了我的同班同學殷允芃（後任《天下雜誌》發行人）。她還沒聽完我求職的故事，就立即跳上了腳踏車去員林實驗中學一試，結果是無英文教師職缺。可見，靠近鐵路縱貫線，稍微大一點的都市內的教書工作，於一九六四年已經滿額，找工作雖沒如願，這份人情迄今卻仍記得。

幾經考慮，我攜帶著我那簡單的行囊去南投報到。

住進唯一的一排單身宿舍後，方發現我並不孤單：山東流亡學校老師輩的有屈立恆老師，同學輩的有董金岳先生。前者教高中國文；後者教初中歷史。除了他們兩位外，還有一位馬先醒者，根據他的敘述當年在澎湖我們被迫從軍入伍時，他的年紀僅十二、三歲，個頭小的要命，逃過了被編入軍隊的一劫。

投中是藏龍臥虎的地方，許多聲名遐邇的人物寄寓在其中：有統領過數萬雄兵的鄧師長；也有管轄方圓數百里的孫老縣太爺。他們的故事變成了單身同仁消暑解渴的「清涼劑」，而且百聽不厭。

發生在鄧老師身上一個有趣的故事是這樣的：據說，他曾於一九四〇年代初葉，在湖北跟河南接壤處與日本軍隊有過遭遇戰。白日打的火熱，不分軒輊，夜晚進行摸黑，也無法突破，雙方陷入膠著，最後各退一步，重新部署，捲土重來做殊死戰。

某日，他們來到了一個鄉鎮，待他的師部安營紮寨後，其副官就張羅著接師長的家眷前來

「伴駕」。「陰錯陽差」之際，這位「丁副官」居然把一位還蓋著紅頭巾的新娘子搶來充數。於是乎，這位民女就成了現在的鄧師母，最終落腳在南投中學，二人相依為命。

在大陸上曾在山西省做過縣太爺的孫老師，頗有一代梟雄曹操的味道，因為他不但長的虎背熊腰，粗眉大眼，且常把雙手緊扣在背後，在校園內踱步，踱步時，邁的是八字步，很像國劇裡的曹丞相。

他雖在三民主義，國父遺教及五權憲法上下了些工夫，但是，在評量學生的成績上卻引起了笑話。孫老師給分數的標準不是看答案的對或錯，而是看字數的多寡。學生知道了拿高分的秘訣後，就投其所好。

有一次期末考試，一位學生拿到題目後，對其中的一題實不知道如何作答，他靈機一閃即將電影〈梁山伯與祝英台〉裡的主題曲權做了答案，結果孫老師見答案紙上寫的滿滿的，大筆一揮，給了個九十五的分數。

我初入投中時，教務處派我教高初中各一班的英文。由於學生對我的教學反應尚佳，於第二學年，他們即派給我全部高中班（其中還包括一班資優班）的課。這些班級給我印象最深刻的是高中二年級第三班的學生。他們是清一色的男生，程度雖然參差不齊，但是非常有禮貌，而且個個都有上進心。

▲一九六六年作者離開省立南投中學時，與高二、三班同學合影留念。

在此中學裡教初中部最需要的是耐心，要一而再、再而三地講解，如果仍有學生跟不上進度，則必須實施個別輔導。

我在投中教到第二學期期中時，在我身上發生過一件令人難以置信的事。

有一天中午下課後，庶務組有位職員前來告訴我說：「有你的一位客人來訪，現正在大門口等候！」正在納悶之際，一位相貌堂堂，年約四十歲上下的人趨前握住我的手：

「我是山東陵縣人，你的小同鄉，現任海岸巡防部副司令，因前來省府開會，順道來看你，我的名字叫做侯家駒。」

我雖沒聽說過有名叫侯家駒的同鄉，但就其舉止言談，認為他不像是一個歹人，乃延請他到我那寒傖的單身宿舍小坐。坐定後，他即告訴我來台的小同鄉，在高雄的有曹子芳，在台中的有國大代表夏蔬園，在台北的有鄭道恕。語畢，即起身作告別狀：

「我的司機還等在那裡呢！就此告別，以後有機會再來看你！」

「我看正值午餐時間，我請你吃個便餐，如何？」

他不置可否，於是乎，我與他並肩去了一間餐館。趁點菜之際，他掏出一根雪茄煙銜在嘴上，一面吸，一面仔細的打量我。

我點了三個菜，一個湯，外加一瓶紹興酒；他的談吐不俗，像是位受過文化洗禮的人，酒過三巡後，他有點放言高論，但到緊要關頭又急忙收住。離別時，他一再鼓勵我要好好的幹，要為山東陵縣人增光。詎料，我走回到投中大門口時，收發室交給我一封限時專送。打開一看，是住在高雄市的曹子芳伯父寫來的，其內容如下：「邇來有位名叫侯家駒者，假借小同鄉之名到處行騙，我已受騙一場。你若見到此人，務必立即報警查辦」。至此，我才覺悟到我是真正的受騙了，好在，他僅是騙了我一餐飯而已。

沒有過多久時間，我讀到了《新生報》副刊辦理徵文的啟事，題目是「受騙事件」。我一時心血來潮，寫了一篇約五百字的短文，題目為〈同鄉副司令〉，投寄出去，過了一個星期就發表了。

另外一件趣事，迄今每想起來就令我「噴飯」，那就是該學年度投中的升學率不差，為了彰顯此項成績，教務處特別出了一本專刊，很可惜沒有將這本小冊子校對好，將「本校本學年度（考取大學三十三名）的「取」字誤植為「敗」字，成了本校本學年度（考敗三十三名）」，負責這項業務的人真是該打屁股。

在投中教書那一年半的時間裡，曾有人為我張羅過婚事，總是因緣不足而功虧一簣。也曾有一位心儀我的女孩，但是我考慮到在年齡上過於懸殊而作罷，辜負了她不要我去成大做助教，續留在投中任教的心願。

第二十三章　「大吃大喝俱樂部」

一九六五年的秋季，時任成大外文系助教的田廷甫兄（後曾任成大總務長），寫來一信，表示文理學院院長吳仁民向系主任傅從德徵召一名外文系的畢業生到他的辦公室充當行政助教。行政助教的性質是為文理學院院長辦雜務，卻是以外文系名義聘用（大概考慮到有時也兼處理些英文業務），如果將來外文系裡出助教的缺便有「真除」的機會。

那時候，我初步的想法是剛剛安頓下來，一動不如一靜，況且投中的師生待我不薄，有一種被尊重的快樂，又想著我隻身在台，能在省立中學安身立命，於願足矣，哪還有更高的奢求？

當我冷靜下來時，就惦記著這個機會難得，今日之助教，就是未來的大學教授。「人向高處爬，水往低處流」，這是千古不移的道理，何獨我逆勢操作？況且，在大學裡接觸面廣，天天都可學到新的事物。

我開始心動了，並決定在投中教到一九六六年元月底，學期告一段落後離職。投中的師生，尤其是高中二年級三班的學生，雖對我依依不捨，但為了我的前程，也只好「放行」。

回到成大後，我就進住成功校區由學生宿舍改成的臨時教職員單身宿舍。住在同一寢室的有我的同班同學鄭繼宗（後曾任舊金山大學中文系組教授），連文雄（後曾任成大外文系副教授）及張順安（後曾任國貿局副局長）；前兩位早被傅主任慧眼識英雄聘任為助教，後一位則是剛在亞航找到工作，合適的房子一時難以找到，擬在那裡借住幾日。

其時文理學院的院長辦公室是設在成功校區的化學系館二樓，離我們的住宿處只有五分鐘的走路距離，一切堪稱便利。

吳院長是早年的留美學生，獲有物理學碩士學位，在成大教書有些時日，已成為物理系的資深教授。

他是位讀書人，手不釋卷，一有空就拿起書本來閱讀，畢竟是年事已高，常見他坐在沙發上翻不到幾頁，就垂下頭來入睡，手中的書隨即掉落在地上。

他有些美國人行事的作風，只要在上班時間把份內的工作做好，其他的時間即完全由你個人支配，從不派我做額外的工作，也不會在雞蛋裡挑骨頭。

他還有位來自物理系的學術助教，若他因公出差，他就代他上大一物理的課，平時則為他改學生的作業，這當然也包括批改期中、期末的考試卷，他的名字叫做孫忠光。

在公文處理上，還有位中文系時任講師的卓秀巖幫他。

我在吳院長的辦公室裡待了一年，外文系即出了助教缺，自此，我成了「名符其實」的助教，也有了資格搬進座落於東寧路專設之「成大教職員單身宿舍」。

那時外文系有六名助教的編制，主要的工作是為副教授以上及外籍教師服務，我們每個人分配到三至四位的教師，工作項目包括：批改學生的作業、監考、改考試卷、登錄成績與人事室聯繫、查詢鐘點費等。

我們也分配有固定的行政工作：排課、文書處理、學生事務、財產登記及管理等。

除上述的工作外，我曾做過系主任的「耳目」，到處打探台南地區的外籍人士（多般是教會牧師或者修女）有沒有願來系兼課者？上乘人選自然是獲有碩士學位，主修英美文學的人。

助教的最大的壓力是來自升等，做滿三年助教是符合升等講師條件之一，其他的條件尚包括人品，服務及論文等。前面三項比較好辦，後面一項（寫出夠水準的論文）最為困難。因此，系主任准許我們一星期內可去旁聽若干小時的課，培養我們的學術能力。

對我而言，升等固然重要，但更重要的是我不能打一輩子的光棍，於是乎，動了結婚的念頭。

我已經三十有六，年紀雖有一大把，金錢上卻沒攢下幾個，誰肯下嫁給像我這樣的「窮措大」？

我也不能妄自菲薄，即使在這一切向錢看的社會裡，能有幾人有進大學做助教的機會？如果我能持其志，勿自暴自棄，總有一天，我會攀上講師的位階，屆時，我將擺脫助教上下班的枷鎖。

同班同學任世雍（後曾任成大文學院院長）在屏東縣任教，於返回其台北家中之際，順路到系上訪晤，經他的穿針引線結識了台北市的王寶蓮。

幾經波折，兩年後，於一九六八年的五月四日假台南市民族路南華大飯店結為連理，並於一九六九年的三月十六日的凌晨六時左右，於台南市中山路崇愛醫院產下一子。按照我能記得住的馬家祖譜，為他取名馬道宏。

一九六〇年代末葉的助教薪水約在一千二百元左右，維持兩個人的基本生活勉強湊合，但有了小朋友，就奶粉費一項之增加就已使我左支右絀，遑論其他。

尤令人感到難以接受的是升等管道之壅塞。

系內各級教師編制的人數都按照學生班級數及人數編定，換句話說，教授編制若干，副教授編制若干，講師編制若干，助教編制若干都有明文規定，一個蘿蔔一個坑，卡得死死的，若沒有人升等為副教授，講師級上哪能有缺？無缺，助教便無法提升等。就是有了講師缺，也得依到系的先後順序，決定那位助教升等，若被提報升等的助教升等不順利（多般是論文沒通過），他還有第二次提報機會。這樣下來，簡直無法想像，輪到自己時，等到何年何月？

此時，我已三十有九，無法再等。經與內子商議，決心負笈美國攻讀碩士學位。一九六八年冬季，我考過了「托福」，並衡量自身的學力向美國三所大學函索申請入學表格。那年頭去美國讀文科的留學生，能有幾人拿到全額獎學金？能拿到免學費獎學金已經不錯。

結果三所大學都接受我的申請。

我決定到奧立岡大學讀「課程與教學」，其理由是：一、教育範疇裡的英語字彙有限，比較好讀；二、我已快屆不惑之年，且有家室之累，修學位要快；三、奧立岡大學給我免學費獎學金，生活費最便宜，只要有一千四百元美元，就可束裝上路。

一千四百元美元即使放在一九六九年也算不上是什麼大錢，可是，對於當時的我來說，卻無法籌措。幸虧有「大吃大喝俱樂部」裡的那些「酒肉朋友」之幫助。

所謂「大吃大喝俱樂部」也者，就是我們住在東寧路單身宿舍時的一個以吃喝為主的團體。初時，大家湊合在一起僅是找樂兒：吃個小吃，喝個小酒；後來，我們每個人變成了大碗喝酒大塊吃肉的「梁山好漢」，而且，不喝，則已，一喝起來，不是高粱就是大麴。

沒有規定多少時間聚會一次，也沒有固定的聚會地點，要大吃大喝一次完全看興致所致。這裡的成員多以工學院機械系的助教居多，理學院物理系的次之，文學院中僅中文系裡的小丫（許小雲）與我兩個而已。

這些「酒肉朋友」大都把做助教看作「跳板」，一旦申請到國外大學的獎學金就翩然離去；他們多已拿到了獎學金，即將啟程。在聽到了我的困境後，主動的伸出援手，原則上每人以借給我一百美元為原則，也有借給我六百元者。這些好朋友計有：劉漢烈，王維強，黃智宏（綽號黃牛），黃志遠（黃魚）等。

另外一個最大的原因是寶蓮的娘家，他們一聽說我要出國讀書的消息即表贊成，並表示：在我出國期間，寶蓮及道宏可回台北市太原路居住，免除我的後顧之憂，我何其幸運？有這麼樣明理的岳父母。

行政院國軍退除役官兵輔導委員會有一項榮民留學國外的規定：凡出國進修之退役弟兄得補助單程飛機票一張，這項德政對當時的我來說，是一個很大的幫助。

當年在東寧路成大教職員單身宿舍，大碗喝酒、大塊吃肉的朋友現散居各地。有的在美國工程界有了傑出的成就如劉漢烈與王維強，現住在東海岸（華府及紐澤西州）；有的英年早逝如黃智宏；返回母校服務的僅黃志遠一人，後曾擔任化學系系主任。

一九九八年的秋季，我隨成大校友會訪美，在華府地區遇到了劉漢烈，曾向他提起那一段借錢留美的往事，他一隻手緊握住我的手，另一隻手堵住我的嘴巴。

第二十四章　第一次留美

猶記得四十三年前（一九六九年九月十五日）離台赴美的一幕。那天，台北市的上空有一層灰濛濛的霧。

還沒到西北航空公司旅客報到的時間，我就在松山機場出境大廳內排隊。看到寶蓮肚子裡懷著一個，手裡抱著剛滿六個月大的兒子馬道宏，陪著我站在隊伍裡，強顏歡笑的為我送行，內心著實不忍。

岳母大人及小妹寶霞及寶華除在我的脖子上套上花圈，陪著我們在機場大廳內等候外，出乎意料的是家住南港的王傳璞兄及時趕來，並忙不迭的為我們拍照，留下了許多張珍貴的照片。

教育部國際文教處曾為即將出國的留學生舉辦過一天的講習會，主講人由新學成返國的「學人」擔任，舉凡西餐禮儀，文化震驚，選課須知，借書規定，校內外住宿注意事項，學生保險，交通事故處理等一一說明及解答我們的疑問，最使我感興趣的是打工的機會。

我們搭乘的是七三七型的留學生包機。

在松山機場登上飛機後，就像到了美國，因為，機上所有的空服人員都是金髮碧眼的美女，我們的眼睛轉向她們時，她們就露出一排牙齒向我們露出友善的微笑，我們也怯生生的向她們揮手致意。飛機在日本成田機場停留二小時，還沒有逛完幾家免稅的商店，就又趕到候機門登機。

不久，我們在機上享受到了第一個西餐。

西餐盤子一端到我的面前，我就想著用從講習會學來的招數：先把紙巾鋪在大腿上，繼把檸檬汁擠淋在牛排上，右手持刀子，左手拿叉子，將牛排切割成塊狀，蘸著Ａ１醬，最後往嘴裡送。咀嚼時，警覺到要閉著嘴巴，不能發出聲響。

一歪頭，我看到我的鄰座，將牛排切成三，四塊，夾在麵包裡不管三七二十一的就往嘴裡塞，他還向我使個眼色然後說：「其實，怎麼個吃法都行！」

一覺醒來，飛機已接近西雅圖上空。

飛機預備降落時，正遇上很少見到的亂流。機身上下顛簸的厲害，沒多久機艙內有嘔吐聲傳出。坐在右前方的學生（本係殘障人士，駝背）不但嘔吐而且呼吸急促，陷入了昏迷，空服員為他戴上了氧氣罩，實行ＣＰＲ的急救，到目前為止這是我在飛機上僅見的一次急救處理。

更糟糕的是西雅圖機場適時滿天大霧，能見度低，飛機在上空轉了幾個圈子，無法降落，不得已改飛奧立岡州波特蘭機場。

我們雖平安的降落在波特蘭機場，但是不能下飛機，原因是那時該機場沒有移民通關檢驗設施，最後，還得待西雅圖的霧消散，原機飛返。

辦完了通關手續，領到行李，就趕往長程巴士站。

在機場與巴士車站（灰狗）中間有一座拱橋；行李袋底部雖有滑輪裝置，但遇上台階地段卻無發揮的餘地。我處在爬上一個台階，就用雙手提升行李袋至腳下台階的困境，抵達拱橋頂端時，已大汗淋漓。心想，莫非這是來美國「取經」的第一個考驗？

車票買好後，將行李安置在「行李廂」內。在自動販賣機上買了杯熱咖啡，一邊喝，一邊在灰狗車站外晃蕩。

正式上路時，約已晚上七時半左右，九月份西海岸的天候，要到九時，天方暗淡下來，此時，夕陽的光輝映照著路兩旁山坡上那些紅的、黃的及紫的楓葉，感覺灰狗車在畫中奔馳。

從西雅圖至尤金市（Eugene）約需七個半小時的車程。

抵達時，已凌晨二時左右，再加上人地生疏我到哪裡去找尚在營業的旅館？不得已，我硬著頭皮用硬幣打電話給國際學生顧問皮其先生（Mr. Peach），承蒙他半夜裡驅車來接我，並把我安排在一個類似台北市許昌街基督教青年團契的地方暫住，他說：「全尤金市再也找不到這麼便宜的旅館，住一夜僅需三元而已。」

開學時，為了把口語英文練好，我搬進了研究生宿舍，卡森大樓（Carson Hall）。樓高四層：一、二層男生住；三、四層女生住。另外，在地下室設有電視室。每層樓都有舍監，由資深的學生擔任，迄今猶記得我的舍監面貌，年紀輕輕，蓄著一臉像寫《草葉集》（Leaves of Grass）的詩人惠特曼（Walt Whitman）的大鬍子，他的名字叫秋（Joe）。

中國留學生的英文大都長於文法及寫讀，拙劣於口語及聽力，沒有一年半載的磨練絕對不能成事。

有位台灣來念新聞的李同學在上了一陣子課後，為聽不懂英文苦惱不已。有一天，他把我拉到地下室，哽咽著對我說他念不下去了，決定放棄。我告訴他念新聞原本就不好念，不但涉及的字彙無奇不有，且新聞學之範圍廣闊，對來自非英語系的台灣學生聽不懂乃是自然的事，不必驚慌，並勸告他按課程表上下課，過段時間定有進步。

我還告訴他在外國大學轉系非常容易，在眾多系所內總會找到他「安身立命」的處所。最後，我安慰他：「過些日子再看看，如果實在念不下去，再說！」

最終，他不怕無顏見江東父老，毅然束裝返國。

卡森大樓住著二層樓的女生，這對當年去的台灣留學生而言還是新鮮事。男女學生住在同一棟樓內，自然會產生許多對情侶。當時傳說的是：美國女孩子來念研究所不是來尋求專業知識，多半是來找終生伴侶。

我的室友諾得（Ronald Hendricks）長的不賴，又是讀建築的，很快的就交上了女友；念英文研究所的瑪莉，人品出眾，沒有多少時間身邊就有了男友。這些交往並不代表他們最終會走進禮堂，只是交交朋友，每個人心中保留著「底線」，有充分選擇伴侶的自由。

瑪莉是一位仁慈的女孩。有一天下午，她見我獨坐在交誼廳內，就進前來與我搭訕，說週末有個喝啤酒的聚會，希望我來體驗一下美國式的社交活動。由於好奇心的驅使，我立即承諾。

到了啤酒屋，方知道不單單地是喝啤酒，還要跳舞。我生性拘謹，跳舞雖是最起碼的社交活動之一，但我從沒體驗過。於是乎，打定了主意只喝啤酒不跳舞，可是，一大杯啤酒飲下後，就身不由己了，合著音樂的節拍，混在他們中間婆娑了起來。

瑪莉獲悉內子在台灣產下了一個女孩，她即向我要去台北市的地址。過了兩個星期後，內子來信說：「有位署名瑪莉者寄了兩套嬰兒服來，你見到此人時，一定致謝。」我見著她時，她粲然一笑，兩手一攤，表示這沒什麼！

一九七〇年代初，越戰正進行的如火如荼，全美國都在舉行反戰遊行，奧立岡大學也不例外，校園內舉行靜坐活動，而且是坐在校長室內抗議。

連任不到兩年的尼克森總統在電視上一再強調：「越戰越南化！」可是，仍阻止不了肯特大學（Kent University）的流血悲劇。一位女生伏在中彈倒地的男生身上之照片成了翌日各大報紙，三大電視網的醒目畫面，也掀起了反越戰的最高潮，尼克森總統徹夜未眠，在白宮草坪上來回蹉步，這段錄影帶（footage）在三大電視網裡不停地重播。

在越戰期，美國掀起了一陣裸奔風。

有個細雨綿綿的下午，校園內突然出現了一群學生，聚集在卡森大樓東側的草地上舉行裸奔。他們一絲不掛，冒著雨在草地上排成一路縱隊：起步，一路奔跑，跑到一個地標時，身體倒下，兩手，腹部，兩腳貼在草地上滑，水花四濺，一邊喊叫，一邊歡笑，狀極興奮。

我從二樓室內看出去，他們的奇形怪狀盡收眼底，覺得真是不可思議。我問我的室友：「美國已經夠自由了，怎用得著這樣的遛鳥？」

奧立岡大學採取學季制（quarter system），也就是春夏秋冬四個季節制，大約一個學期只有十個星期。大多數的學生選讀秋、春、冬三季，夏季休息，但為了學生的特殊需要，有些系所也在夏季開課。

研究所考試的方式多以寫學期報告為主，也有的教授於一學季中給予期中，期末二次考試。學季制的優點是：一、時間短，學生能全心貫注在課業上，學習效果會「事半功倍」。二、把教材濃縮，去其糟粕，留其精華。

十個星期的時間猶如白駒過隙，有剛開學就結束的感覺。教授一發下參考書目，需立刻飛奔至圖書館，否則書被別的同學「捷足先登」，要寫一篇像樣的期末報告，那就難了。

第一學期，我選了三門課。除非遇到美國教育史上重大教育事件的獨特字彙及教育法案之專有名詞，其他的英文單字不難，就是遇到發音詰屈聱牙的字，每日耳濡目染，也能習得。一個學期下來，我的成績在A與B之間。

在奧立岡大學的教授群內，我私淑的一位教授是修・伍德博士（Hugh B. Wood），此人人生閱歷豐富，教育專業精湛，曾被聯合國文教組織聘為不丹、尼泊爾、印度等國的教育顧問，瞭解發展中國家教育的問題，為此常能發「放諸四海」的教育言論。

他曾帶我們去參觀一所不考試的職業學校，學生「會不會做」是關鍵，譬如：修車，修電視，修收音機，修電器等。會做了就畢業，不會做就留在學校內繼續實習，沒有修業年限，也沒有文科考試。

一九七〇年的夏季，我跟著其他留學生去內華達州的賭城——雷諾打工。在假日旅館（Holiday Inn）所設之賭場內，左手拎著畚箕右手持著掃帚在吃角子老虎機側「拐彎抹角」，除薪水外，在地毯上也撿到許多硬幣；在名叫「銀色的馬刺」（Silver Spur）賭場之廚房內洗過餐具。二個半月的辛苦，賺到了我下學期生活上的所需。

一九七〇年的秋季，為了體驗一下「校外住宿」（off campus）生活，我決定在學校附近租屋居住。經中國學生之介紹，我搬進了瑪波莉老太太（Mrs. Mobley）的家。

瑪老太太的家係一棟兩層樓的木造屋，樓上有二間房出租，院子內有一間由貯藏室改造的也要出租。除此，有一個廚房設在地下室，那裡的炊具一應俱全，大同牌的電鍋就有好幾個，都是畢了業的台灣留學生留下來的。

這位老太太出租房子要看對象，白人不租，黑人不租，墨西哥及波多黎哥人也不租，專租給來自亞洲的學生，中國學生是她的最愛，她說中國學生個性溫和，喜歡安靜，默默地讀書，默默地做事，很少開派對，更不會酗酒鬧事。

每星期一早晨，她必在我們去上課之際，為我們打掃房間，數星期後，發現我的房間沒打掃的必要，只是把床單拉整齊而已。有一回，她問我如何持之以恆的將房間維護的井然有序，窗明几淨，我回答她說：「我曾在台灣陸軍裡服役過十一年，已養成了整理內務的習性。」

「美國是老年人的墳墓」，這句話對瑪老太太來說，是不適合的。

她整天工作：一會兒在她的「綠屋」為花施肥灑水，一會兒在後院為蘋果樹剪枝除蟲害，一會兒清理落在草坪上的枯葉，一會兒又去清除人行道上的垃圾。

給住在外地的子女打電話或者寫信，是我所見到的她常做的事。最沒有事可做時，她就把她那隻豢養的貓放在膝蓋上，在搖椅裡一邊搖，一邊與其說話。

她的老伴與她皆是愛爾蘭的後裔，十年前他中風棄世，生前他在木材業裡工作，胼手胝足的與她建立了這個家。他們育有三名子女（一男兩女），現均成家立業。

她不贊成異族通婚，認為文化背景不同，生活習慣南轅北轍，語言有障礙，難有美滿的結果。

我曾向她描繪我見到的文化震撼（有一對青年男女在馬路上熱情擁吻），她思索一下，反問我：「你們中國人在私底下做不做這件事？」

第二十五章　舊金山打工記

一九七一年的春季學期結束日，也就是我獲頒碩士學位時。本擬立即整裝返國與家人團聚，但一想到欠人的債如何償還時，立即猶豫起來。而且，在陽春三月返國也不是適合的時機，因為各級學校延聘教師的作業不是在學年度前就是在第一學期結束後，哪有學期中間聘人的道理？於是乎，決定去舊金山找工作，先解決我出國時留下來的債務，其他的也只有留待後日再說了。

故技重拾，我搭乘灰狗車去舊金山。

在舊金山中國城附近一條叫做松樹街（Pine Street）上租到了一間單人房，繳了第一個月的房租及押金後，我身上僅餘兩個星期的生活費用。

那時在舊金山找工作有兩個途徑可循：一、閱讀報紙上的分類廣告；二、透過職業介紹所。為了解決燃眉之急，除了去職業介紹所登記外，買了中英文報紙，在徵人廣告欄內尋尋覓覓。我把可能性高的工作用筆圈起來，再一一打電話去詢問。幾天下來毫無所獲。正在坐困愁城之際，腦袋突然靈光起來：「對啊！我曾在軍中服役過十一年，何不向保全公司試試？」

在舊金山《紀事報》（Chronicle）上找到一家保全公司的電話號碼，意想不到的是我的第一通電話，蘋克兒頓（Pinkerton Security）保全公司就僱用了我。

這個保全公司的作業大部份由電話指揮，依照電話裡的指示，我去了一家醫院擔任巡邏工作，班次是小夜班，自下午四時至午夜十二點。另外一個附帶的工作是我必須將十二時下班的護士們送入對面街上的宿舍。

第一天上班，我就發現這個地區的治安頗有問題，上白日班的約翰・懷特（John White）告訴我，如遇到酒鬼及吸毒者千萬不能示弱，有時按一下配帶的手電筒或擺一拳架（懷特認為每一個中國人都會中國功夫）就能起嚇阻作用。

有一個夜晚，我沒遇到酒鬼卻遇到了一位吸食毒品者，只見他精神亢奮，兩眼充滿血絲，語無倫次地與我搭訕。一大段話裡我只聽懂了一句，那就是：「嗨！你是怎樣弄到這份悠閒的工作？」

蘋克兒頓公司的保全人員都是穿警察人員的制服，胸前別有徽章，晚上攜帶著一支長把柄的手電筒，看不清的人以為是一支警棍，他見我鐵青著臉，又不理他，意興闌珊的離去。

每天晚上都有不同的情況發生，每晚均提心吊膽，於是乎，工作了一陣子後，就決意辭掉這份工作，同時，盤算著銀行裡的存款，即使一時找不到工作，也不致挨餓。可是，當我在電話裡向我那從沒見過面的隊長提出口頭辭意時，所到的答覆竟是：「你不必辭職，我把你調往聖・富蘭薩斯大旅館（San Francis Hotel）！」

聖・富蘭薩斯大旅館位於舊金山市聯邦廣場（Union Square）的對面，是繁華地段，交通四通八達，離我居住的松樹大街不遠，上下班之路程即使是步行也在半小時之內。

我被派在地下室掌管員工上下班的打卡工作，並監控上班時間有無外人混入，下班時間有無「順手牽羊」的行為。我值的是大夜班（graveyard），此時段雖與一般人之作息顛倒，除了把睡眠的時間調到白晝外，並沒有不適應的問題。

為了避免夜深人靜墜入睡鄉的困擾，我從舊書店裡買了許多的文學名著來閱讀，譬如：黎錦陽的《花鼓歌》（The Flower Drum Song）；賽珍珠（Pearl S. Buck）的《大地》（The Good Earth）；湯姆司・哈代（Thomas Hardy）之《黛絲姑娘》（Tess of the d'Urbervilles）；莎拉特・布朗蒂（Charlotte Bronte）的《簡愛》（Jane Eyre）；艾倫・博吉斯（Alan Burgess）的《六福客棧》（The Inn of the Sixth Happiness）及艾德格・史諾（Edgar Snow）之《紅星照耀中國》（Red Star over China）。

我把在舊金山的所見所聞寫了兩篇報導性的文章：一是〈舊金山的落日〉，另外一篇則是〈美國人的職業觀念〉，投給了《中華文藝》。我收到贈送的刊物時，主編尹雪曼先生附言要我以「冷眼看美國」的標題寫一系列之報導。可惜，我那時意志力不夠，未能達成尹先生之心願。

松樹街的住房蠻不錯，可是每個月的房租要繳四十元，除了電話費、水費、瓦斯費等，月結餘剩不了多少，這樣「混」下去，我的債務不知道到什麼時候還完？

有一日，我在中國城內閒逛，無意間遇到了在成大教我西洋哲學的老師馮維仁。天地是這麼大，人是這麼小，還是真有「人生何處不相逢」的際遇，簡直是不可思議。我早知馮老師與他的德籍妻子喬愛麗及一對兒女移民美國，究竟住在美國何處無從獲悉。

馮老師表示他移民來美後，原擬向加州的大學申請教職，開授東方哲學（他在德國的博士論文是有關老子方面的），但天不從人願，幸運之神有幾次就要降臨到他身上，但又擦身而過。其後，冀望以他山水畫之獨創風格打開一條出路，可是，展覽出來的畫雖標價不高，卻乏人問津。更令他氣結的是他的老伴喬愛麗嫌他「邋遢」、「迂腐」，把他「掃地出門」，他每想到這裡，就氣憤得不能自持。

粵語救了他，在中華商會找到了份秘書工作，不然的話，真會流落街頭。

他在商會大樓的二樓租了一個房間，供晚上睡眠。我看這個房間尚寬敞，有一張書桌及兩張床的空間，乃主動地向他提起合租的事，這樣雙方都可達到「節流」的目的，也可作伴。他認為可行，於是乎，我與馮老師有一段同為室友的緣，也由此節省錢的速度加快，沒有多少時間，我就卸除了債務的重擔。

舊金山的中國城是美國各大都市中國城的翹楚，繁華至極，據說，這是因為早期的中國移民很會看風水的原故。

有中國人的地方，就少不了滷味店（店前掛著剛出爐的烤鴨），中藥鋪，武術館，古玩店，珠寶店，字畫店，算命館，報攤等。有辦喜宴的大飯館，也有美味可口的小吃店。在這裡我得到的最大樂趣是能吃到大碗的牛肉麵，讀到中文報紙——《星島日報》及看到武打片。

近在咫尺的百老滙大街（Broadway Ave）與中國城大異其趣。為了體會一下情慾橫流會流到什麼程度，我曾於華燈初上，在其大街上來回踱步，不記得那位浪漫詩人講過這樣的一句話：「要麼就進去坐坐，要麼就掉頭走人！」街上光怪陸離：有人在門前招攬顧客上門；也有人則在人潮洶湧之處大聲喊：「性沒什麼！」「悔改吧！悔改吧！」「罪的工價乃是死！」「趕快來信主耶穌！」及「我就是道路，真理，生命，若不藉著我，沒有人能到父那裡去。」

我有時也坐電纜車（Cable Car）去漁人碼頭（The Fisherman's Warf）及三十九號碼頭（Pier 39）坐船遊覽，看海鷗在行駛的船上空翺翔及海獅躺在木筏子上晒太陽，鼻孔噴氣的懶惰模樣。

半年後，在奧立岡大學讀圖書館學的鄭繼宗也到了舊金山。他在應聘至舊金山大學圖書館工作之前，有一段空閒的時間，也來湊熱鬧，做了聖・富蘭薩斯的保全人員。他值下午四時至午夜十二時的班；我則值零時至早晨八時的班，看起來緣與人關係大哉！在美國又與他「難兄難弟」

了一番。

我工作到一九七二年的暑假，台灣方面的工作已有了著落，即束裝返台。

鄭繼宗與李蘊珊（後改名李蘭德，也是成大外文系的同班同學）的老二鄭嘉宣剛好滿月，兩人都有工作，照顧不了兩個孩子，乘我返台之際，托我把他帶給其祖父母育養，我抱著剛滿月的鄭嘉宣登上了中華航空班機，他依偎在我懷裡睡到了台北。

第二十六章　台北商專

嘉宣與我平安地飛到了台北松山機場，一出機場大廳門口，一股熱風迎面撲來，頓覺燥灼。那天來迎接我的是兩家人：寶蓮手牽著一對兒女來接我；另一家則是鄭伯父母來接他們的愛孫。

我把嘉宣及其隨身帶的一袋衣物（包括尿布、奶嘴、奶瓶及奶粉罐）交到鄭伯母手中時，他們一再的向我致謝，並彼此留下了電話。

我們上了計程車後，我方有機會與寶蓮講話。首先，我發現兒子活潑，不停地使用台語對我指手劃腳；繼發現女兒兩臂上長了痱子，敷了一層白白的藥膏，多半的時間愣在一旁，默默不語。

放眼車外，台北市的風貌沒太多變化，高大的椰子樹依然搖曳生姿，只是到處有「莊敬自強，處變不驚」之標語。雖是六月溽暑，背上生了一股涼意，難道台灣真的為國際孤立？

自一九七一年台灣退出聯合國後，有許多留學生滯留在美國，寧願留在美國打工度日也不願返國服務；我則是反其道而行。

我到南海路的中央圖書館報到後，方知館長給我一個編纂的工作。上了兩個星期的班後，感覺這種查核資料及編寫的靜態工作對我不宜。我嚮往在南投中學教書的生活，不但可以搖頭晃腦，寫黑板，也可以在講台上走來走去。在圖書館裡的呆板工作哪有那種有課上課，無課時預備功課，「帝力於我何有哉」的日子來的灑脫？

鄭繼宗的姑丈汪憲華先生在台北商專教書，有一天來訪對我說：「台北商業專科學校吳仕漢校長有意聘你去教英文，你考慮！考慮！」

我用不著考慮，立即抓住這個機會，隨他去了台北商專面見吳校長，當日就拿到了聘書。

住在太原路岳父大人家是權宜之計，常久住下去不是辦法。

那時退出聯合國的震驚猶在蕩漾，人心惶惶，美元在黑市節節上揚，一美元最高時，可兌換到四十五元台幣。我帶回來的美元雖買不到一棟房屋，若買間公寓，付個頭期款卻綽綽有餘，於是，趁房價低迷之際，在重慶北路四段訂了一間正在施工，一年後方能交屋的公寓。

退輔會負責就業，就學的第三處安排了一個趙主任委員聚鈺接見我的機會；他除了嘉勉我「疾風知勁草，板蕩識忠臣」的志節外，亦有意聘我去他創辦的華夏工專任教，但是，我權衡公私立專科學校的利與弊，決定在商專專任。

我在台北商專所教的學生都是五專生（前三年是高中生；後二年是相等於大學一、二年級生），而且這些學生都是來自台北市各國中的菁英。他們以就業為導向，寧願捨棄升大學的管道，來學一技之長：會計，統計，簿記，銀行，貨幣，國貿及企業管理等，他們真是聰明透頂，點撥一下，就立刻上路。

我也在一所私立專科學校兼課，沒教多少時間，就已「摸透」私立學校辦學之困境：學生是「學校的衣食父母」，不能太嚴苛也不能太鬆散，要兩者之間取一個平衡點。若太嚴，學生都被淘汰出局，學校的財源哪裡來？若太寬，人人及格，恐淪為「學店」之嫌。

暑假招生考過後，各科均集中在大禮堂內閱卷，我參與了英文閱卷工作，因天氣太熱，適逢冷氣機「作怪」，動動停停，令人心煩，大家也像冷氣機一樣改幾份卷子，站起來到處走走或擦一擦汗，就在此時從史地組傳出來一個題目的奇妙答案，令大家「清涼」了一番，這道世界地理問題的題目為：試敘述南北韓就地理位置、出產、氣候之不同。有一位考生的答案竟是：

一、地理位置：南韓在北韓之南，北韓在南韓之北。南韓面向南，北韓面向北。

二、出產：南韓有的北韓沒有，北韓有的南韓沒有。

三、氣候：南韓熱而不冷，北韓冷而不熱。

真是些老實話。儘管學生的程度不好，但我仍讚賞來讀私立專科學校的學生，社會需要各階層的人才，將來步入社會，勢必有他們適當的地位。退一步講，若把這些青澀少年侷限在學校的環境裡讓老師與書本多「春風化雨」一番，總比在校外遊手好閒，打架滋事，「技高一籌」。

公私立專科學校在辦學嚴謹上不分軒輊。上課時，常見教務處的職員站在窗外查堂。

在這兩所學校裡有兩位值得我回憶的人物：一位是台北商專校長吳仕漢；另位則是清末水軍提督李準的兒子（名字已不復記憶）。

吳校長具長者典範，對後進提攜及照顧不遺餘力。他知道讀書人的自尊心，你還沒向他開口，他已洞悉你的問題之所在，並主動的加以協助。除此，他深諳人性，常保留犯了錯的教職員工的顏面，其口頭禪是：「那有啥關係，改過來就好！」

我見到李教授時，他已九十有餘，耳聰目明，行動自如。他歷經兩個朝代：先後將近一個世紀，本身就是一部清史及民國史，有講不完的人事滄桑，道不完的野史。

他留學過德國，並娶過德籍女人，如今「繁華落盡」，棲身在陽明山上，過獨居的生活，他說他已修到「視死如歸」的境界，出來透口氣及教教小朋友是他晚年的娛樂。

我在台北商專教類似高中部的英文二年，覺得這不是我所要的。我要更上一層樓——「闖一番事業」，但此次，怎麼樣闖？我決定再度赴美讀博士。

第二十七章　再度留美

一九七四年秋季，我又踏上了留學美國之路。不過此次是去座落於卡本黛爾（Carbondale）之南伊利諾州州立大學（Southern Illinois University），因為該校有高等教育學系。

臨行的前一個星期，我去社子向開診所的王潤恩醫師辭行，他也沒問我需不需要資助，即慷慨解囊的說：「就是這些，拿去用！」像這種靈犀一點通的朋友，一生能有幾個？

卡本黛爾是一所大學城，人口約三萬人左右，學生人口佔了三分之二。第一年時，我是一個人在那裡「孤軍奮鬥」；第二年我把寶蓮及兒女接來美國，全家人在那裡「合眾共濟」。

我一個人時，是租住一間單人房。眷屬來後，便與一對訂過婚的謝姓同學合租一棟兩層樓的民宅。他們住二樓，我們一家人住一樓。

寶蓮與我教道宏及鴻鈴英文的二十六個字母，待他們學會後，我就把他們送進迥然不同的學習環境：道宏讀小學一年級；鴻鈴從學前教育開始。

我也告訴他們一條簡單的規則，那就是老師怎麼教，你們就照著學，聽不懂沒關係，最重要的是凝神聽及注意老師的動作。道宏上的小學名叫湯姆森小學（Thomson Elementary School）；鴻鈴的是春泉幼稚園（Spring kindergarten）。這兩所學校就在我們家的附近，還算方便。

後來，我們住進了眷屬宿舍（Married Dorm），先住南山莊（Southern Hills），後來搬進長青台（Evergreen Terrace），他們就改上聯合小學（Unity Point Elementary School）。學校備有校車，上下學接送，提供午餐，還供給兒童讀物。

他們在學校的每日時間有七個半小時（上午八時半至下午四時。放學時，只見從黃皮的校車上走下來像小鳥般快樂的孩子，嘁嘁喳喳一陣後，就各自歸巢。

卡本黛兒地處偏僻，華人沒有幾個，星期六補習中文的事，從未聽過。兒童好奇心十足，盛行一種「相互過夜」（sleepover）的風尚，那就是你在我家留宿一晚，我在你家住一夜。

我的全額獎學金每月是五百元，支付一百五十元的宿舍費，水電費，電話費及日常需要後，所剩無幾，寶蓮為了貼補家用，隨幾位留學生的太太去被服廠打工，下班後又去金太太的烤肉店。

沒車時，我安步當車步行四十分鐘去上課，後來經濟狀況好轉，乃用八百元買了一部道奇

（Dodge）二手車代步。

冬季裡有這樣的一日，天降大雪，因為我沒有在收音機裡聽到停課的消息，乃堅持去上指導教授的課，令人沮喪的是我那部「老爺車」不聽使喚，任我使出渾身解數就是無法啟動，於是乎，我乃以「安步當車」的方式，踏雪去上課。

在大雪紛飛的路上，任雪花落在我的身上，一邊走，一邊想山東老家下雪的情況：那處被雪覆蓋的老宅子還在嗎？我的家人是否還住在那裡面？那些孩提時與我打雪仗的小朋友別來無恙嗎？伴著雪這些問題陪我走了一路。雪的聯想使我無法釋懷，結果發為文字，寫成了一篇帶有「意識流」味道的短篇小說，題名〈雪中行〉，發表在《新文藝》上。

那時所謂的「高等教育學系」（Department of Higher Education），僅在美國少數具師範學院背景的學校內設立，南伊大便是其中之一。

在眾教授中，我最仰慕的是金恩教授（John E. King）。他曾做過學院院長，行政經驗豐富，人脈充沛，尤以度量雄天下，對與他持不同意見的教授，尊敬有加，甚至到了忍耐的地步；對各國來的學生不遺餘力的愛護，在適當的時機給予適當的協助。

一九七五年中期伊州高等教育經費削減，獲全額獎學金的學生愈來愈少。他知道我有家眷拖累，總千方百計的為我「弄」一個全額的獎學金。為了感恩，我曾寫了一篇〈金恩教授〉的散文，發表在《世界日報》的副刊上。

我的指導教授保羅‧毛魯（Paul Morrill）是我終生難忘的恩師。他原是英文系的資深教授，做上了大專院校的校長，任期屆滿後，被金恩教授聘到高等教育學系開教學方面的課。他的英文造詣深厚，寫出來的文章擲地有聲，在晚年仍奮鬥不懈，寫了一本小說，獲得一家聲名卓著的出版社之青睞，十分不易。

他接到他的長子被徵兵去越南作戰的消息，火冒三丈並大聲嚷嚷著說：「我為什麼把一個好好的兒子送到遙遠的國度去死？越南與我有何干係？」他鼓勵他去做逃兵，經由加拿大轉赴歐洲大陸。

他曾逐字逐句地改正我的博士論文，不以為苦，遇到我寫的比較好的段落忙誇讚我：「吉米！（我的英文名字）這一段寫的真不錯！」

他曾到過台灣，對台灣有正面的觀感，令他印象最深刻的是發生在台鐵上的事。那時台鐵有免費供應茶水的舉措，把一個大鐵壺提到空中，水柱從空中沖至帶有茶包的玻璃杯內，準確無比；他問道：「這需要多久的練習?!」

讀教育的人寫博士論文有兩種方法：一是從卷帙浩繁的書海內追本溯源，把別人沒寫到或謬誤的地方，發現後加以補充或以旁徵博引的方式加以更正，供人參考或使讀者瞭解真相，此謂歷史性的研究方法；二是設研究問題，製作問卷，選擇問卷的對象，然後，把收回來之有效問卷用教育統計的方法：（T test），（F ratio）或（K square）來分析，提出數據，證明所設的研究問題的對與錯。最後，將發現的結果供有關機關及未來之研究者，若再做同性質之研究時的參考，此謂之分析性的研究方法。

勞倫・楊教授（Loren B. Jung）是分析性研究方法的專家，在系內幫助了無數學生完成他們的論文。他見我論文難產，乃建議我向我在台灣任教的最後一所學校努力，因為我在台北商專教過兩年書，對商業教育有些熟稔，乃訂定了個題目為「中華民國商業教育之評估」，前半部有關背景部份由我撰寫，指導教授潤色，分析資料部份是在楊教授的指導下完成。

憑良心說，讀博士班最難的就是能不能寫出具原創性的博士論文，美國的教育要中國人去寫談何容易？題目選來選去，還是選到較熟悉的有關中國教育的領域。如今我一回憶起我這本論文，就汗顏不已。儘管我盡了我最大的努力，我可以這麼說，我從這本論文中僅學會了寫論文的方法而已。

一九七〇年末葉，卡特政府（The Carter Administration）急於與中共政權建交，校園內的中國留學生圈子裡，瀰漫著詭譎的氛圍：一派附合著左派聲言：「中共佔領下的中國有這麼大的土地，這麼多的人口，美國否認此一事實，是天大的笑話」；另一派自然是來自台灣「愚忠派」的聲言：「中華民國雖退守台、澎、金、馬、但是還沒有被中共徹底的消滅，在精神上仍代表中國之正統」。

無論如何，美國為了自身的利益，已經決定與中國大陸建交，這是無法改變的事實，為此我曾寫了一封信給卡特總統抗議他的一意孤行，盡了自己的一份心力。

校園內，衝突雖然沒有表面化，實已劍拔弩張。有一次他們請一位來自大陸的學人來校演講，講的題目與內容迄今我已了無印象，但他把秦始皇的「妾」之英文字（concubine）講成了「黃瓜」（cucumber）的笑話，迄今仍留在腦海裡。

一九七八年我終於通過了論文口試。當我的指導教授宣佈此一消息時，我掉下了欣喜的眼淚，這個學位看在別人眼裡可能算不了什麼，在我來說，它不僅代表我的努力，也代表我們全家人的辛苦成果。

畢業時，我在國內的工作尚沒著落，就申請了三個月的博士後研究，用這個時段做些回國的準備工作，同時，我沒忘記我那書寫的興趣，在《世界日報》副刊上發表兩篇散文〈假如我重作留學生〉，〈理髮在美國〉；在《新文藝》上發表三個短篇小說〈葛倫妮的故事〉，〈飛向東方〉及〈馮教授〉。

因緣俱足之時，我乃與內子、二個孩子經夏威夷返國。

第二十八章　重回成大

我在南伊大獲頒學位時，本擬向台北市的專科學校申請教職。我之所以優先考慮台北學校的原因是我曾在台北商專教過兩年，習慣了台北市的生活；另方面台北市是寶蓮的故鄉，有一大家人住在太原路，既便於不時之探訪又能相互有個照應，還有個最主要的原因是我有自知之明：學位拿得是教育的，若回成大外文系，在專長上是不是符合系內的需要？

但是，成大的田廷甫，張法潤，繆立中諸仁兄認為我已有了學位，回到成大這樣綜合性大學任教是「天經地義」。老主任傅從德也認為我讀得雖是教育，但並不是風牛馬不相及，英文教育也是教育，讀好英文是一生的志業，回到母系服務並無牴觸。

那時教育部正推行「擴大延攬海外學人回國服務案」：新出爐的博士以副教授的位階支給薪水，另發給為期兩年的房租津貼，每月六仟元台幣。

住的問題解決了，我乃不考慮其他，決定重回成大。

一九七八年十二月底，我開始整理「細軟」，把能帶的東西打包，不能帶走的東西，該丟的丟，該賣的賣，原買來的二手貨且已為我代步三年的道奇車以兩百元的代價賣給了新搬來的鄰居；用了三年的兄弟牌（Brother）打字機以三十元賣給了印度籍的留學生。

因為離舊曆年後的第二個學期開學尚有一個半月，我們決定接受任職於夏威夷州政府李長庚兄之邀請過境夏威夷，於威凱克（Waikiki Beach）沙灘上留下了足跡，也見識到了美妙的胡拉舞。迄今，每想起那段日子，對長庚兄及玉環嫂的隆情厚誼，感恩不已。

我們於一九七九年的二月初抵達台南。

那時成大外文系係由鄭重信教授掌舵。他是前校長倪超自台大借調來任文學院院長的，又因緣際會兼代外文系系主任。在我與他的商議下，暫時開新聞英語，大一英文及作文課，前一門課是我的提議，後兩門課是他的主張。

我建議開新聞英語課的原因有兩個：

一是新聞英語或者是英語新聞是門應用課：一則英語新聞大多由常用的文字寫成，文法結構也常使用直敘句，簡單易懂，不像小說家所寫的句子——複合句及複合複雜句充斥，閱讀時，得費些工夫去分析。又英語新聞包羅萬象，讀英文報紙久了，不但能得到新智識，而且各行各業的專門字彙及術語會自然習得，當然也可從中琢磨翻譯的訣竅。二是受朱耀龍老師的影響。朱老師在成大外文系雖是兼任先生，但十分受學生的喜愛。他原是《中華日報》的主筆，以朱約農之筆名寫了許多膾炙人口之文章，尤以他那結集成冊的《歐洲假期》最為著名。朱老師經驗多見識廣，常在課堂上夾敘新聞界的荒誕不經的怪事，聽來令人「大開眼界」。再說，新聞英語也可以為學生開一條就業的管道，畢了業可向報紙及文化事業發展。翻閱外文系的課表，竟沒開授新聞英語這樣的課，於是毛遂自薦，恢復這門選修課。

新聞英語開在四年級，教授的方法是用報紙裡的新聞作教材（多係從中國郵報《China Post》裡剪下來的），然後，解釋標題，導言，新聞主體及結論（如果有結論的話）。採用政大新聞系資深教授黎劍瑩編著之《新聞英語》做基礎教材，也用約翰・侯柏格教授（John Hohenberg）所著之《專業的新聞工作者》（The Professional Journalist）為教本。

大一英文是高中英文的延續，也是最難教的一門課。其原因如下：

一、班級人數過多。

二、各系一年級入學新生之英文能力參差不齊。

三、外文系所編之大一英文教本無法適合各系學生之實際需要。

我也是用系編之大一英文讀本，但我選教的課文以趣味性為主，先引起學生的興趣，再談其他，如果讀本裡有趣的文章不夠多，我就拿報紙上人情味濃郁的特別報導補上。

英文作文是一門頭痛的科目。

一九八〇年代，外文系是文組學生的最愛，各校班級人數最高收到六十名左右，即使英文作文分成兩組上課，一組也在三十人左右。若規定學生每週每人寫一篇作文，教師得改三十篇的習作，哪能負荷？況且學生之寫作能力不盡理想，常寫出許多中文式思路的句子，修改起來著實不易，若要徹底為其修改勢必為他重寫，我哪有那樣的能耐？

修改了他們的幾十篇作文後，我強制他們使用郝恩貝（A. S. Hornby）所編著之《牛津高級英文字典》（The Advanced Learner's Dictionary of Current English）。這本英文字典的最大長處是有二十五個動詞句型做圭臬，學生若遇到動詞不會使用的瓶頸，一查字典便可解決（把不會使用的動詞套進句型裡去即可），並保證所寫出來的句子無誤。我以為誰能掌握到動詞，誰就能掌握住了英文。

就是這樣，我教過了一年英作。

第二學期行將結束時，鄭代主任在排下學年度的課上遇到了瓶頸。有一天在光復校區外文系館二樓的走廊上與他不期而遇。他初時是喃喃自語，後就直截了當的告訴我，他找不到教英國文學的教師，請我勉為其難的開這門課。我一時為之語塞，僅回應他請再向其他比較適合的教師試試。

我的博碩士學位雖隸屬教育的範疇，但在讀大學時卻主修及選修了許多與英國文學或者與西洋文學有關的課：英國文學史，莎士比亞，希臘文學，聖經文學，西洋文學概論，西洋戲劇，英美小說選讀及美國文學。留美時期，一有空暇則讀與英美文學相關的書籍，我審慎的拿捏了一番，覺得對英國文學並不陌生，於是乎，起了「非分之念」。尤有甚者，我接這門課的最主要原因是應「急」，而不是「鳩佔鵲巢」。

英國文學的教材，各校大都採用《諾頓英國文學選集》（The Norton Anthology of English Literature）。迄今，我仍記得我教過的部份作品：《貝奧武甫》（Beowulf），《流浪者》（The Wonderer），《高文爵士與綠騎士》（Sir Gawain and the Green Knight），《農夫皮爾斯》（Piers the Plowman），《坎特百里故事集》（The Canterbury Tales），《浮士德博士》（Dr. Faustus），《天路歷程》（Pilgrim’s Progress），〈善良之歌〉（Songs of Innocence），〈經驗之歌〉（Songs of Experience），〈老水手之歌〉（The Rime of Ancient Mariner），〈西風頌〉（Ode to the West Wind），《秘密的分享者》（The Secret Sharer），《不是兒戲》（The Importance of Being Earnest），《都柏林人》（Dubliners），《一位年輕藝術家的畫像》（A Portrait of the Artist as a Young Man），《華倫夫人的職業》（Mrs. Warren’s Profession）等。我完全著重文本的閱讀，鮮少涉及批評家的評論，也就是注重學生的直接反應。

我認為學生能把作品讀懂了，就已經成績卓著。如能進一步的知道作品的背景及作者生平，那他就是「超凡入聖」。

為了能得到英國文學的整體概念，我重讀了威廉・浪（William J. Long）所寫的《英國文學史》（English Literature——Its History and Its Significance for the Life of the English-speaking People）。

馬丁・戴特（Martin Date）所寫之美國文學史（A Handbook of American Literature）更是令我仰慕，我尤喜歡他對二十世紀小說家海明威（Ernest Hemingway）的分析，燃起我重讀他的作品的熱情・於是乎，在二年級開授「美國小說選讀」，主要的是教海明威的作品，也教過約翰・斯坦貝克（John Steinbeck）的一個作品《人與鼠》（of Mice and Men）。

我教了海明威主要的四本小說後，有了寫讀後感的衝動。有一天，著實按捺不住呼之欲出的激情，一篇約五千字左右的〈試析戰地鐘聲〉應時而生。我把它投寄到《文藝月刊》上發表，並得到該文藝月刊編輯俞允平先生的謬獎：「文章寫得很好，只是文氣太重，若在文字上淺白一點會更好。」

有一件事迄今仍耿耿於懷的是我決定回成大時，曾得到時任成大校長王唯農的口頭承諾，要我回母系接系主任。可是這項承諾並沒有兌現。鄭代主任重信卸任時，新發佈之系主任是呂先生迺正。呂先生是系內資深教授，又是謙謙君子，論人品及學問，擔任該項職務本無話講。但是，我認為校長是一校之長，應該信守承諾。

我曾與王校長有過一個單獨相處的機會，並詢問了此事之真相，他支吾其詞，表示我以後仍有機會。

王校長以四十四歲之英年謝世。全校師生無不哀慟及惋惜。公祭那天，蔣總統經國先生撥冗前來，引起來一陣騷動，他於祭典及瞻仰遺容後離去，我們也隨著他的模式行禮如儀及瞻仰遺容，見校長消瘦了許多但睡得安詳，在他面前我默默地對他祈禱：「校長！系主任的事就此打住，祝你一路好走！」

重回成大得感謝外文系全體老師能接納我，尤其對田廷甫兄之第二次鼎力相助特別致謝。亦師亦友的熊學宏教授對我特別恩寵，他認為：「我是成大外文系第一位獲有博士學位返母系任教的畢業生。」

他在我返校後一個月裡，為我安排了一場對全校學生的講演，題目是：「留美漫談」，談一談我在美國留學的心得，然後就我的所知，答覆即將留美同學們的問題。

第二十九章　外文系系主任

王校長唯農謝世後，成大校長由夏漢民博士接任。人事方面經過一番調整後，校務步入了新局。

夏校長是位喜歡做事的人，他上任後，即謀成大之發展，其首要的任務之一是成立醫學院暨附屬醫院。除了積極地規劃外，他也發動台南地區的首長及民意代表在適當時機向政府反映成大有成立醫學院暨附屬醫院之必要，結果是成大醫學院暨附屬醫院終於在一九八一年獲政府核准，並獲列為國家十四項重大經濟建設之一。

文學院院長由教過我中國近代史及西洋通史的吳振芝教授出任。吳老師是一位虔誠的基督徒，為人謙遜，處事圓融，你只要看到她那一臉的笑容，就覺得溫馨，文學院內之諸多事端即在她的笑容中逐漸消融，大家不自覺的凝聚了一個共識，那就是在安定中求進步。很可惜，吳老師忙於教會工作，三年任期屆滿後，決心求去。

一九八三年，夏校長聘于大成教授掌文學院。于院長無為而治，為人瀟灑，頗有才氣，能寫一手好的柳公權字，讓人為他捏一把冷汗的是他曾動過心臟心術，壞死了的心臟瓣膜是用豬的瓣膜代替的，稍有亢奮，即感不適。

有一次他主持校外人士來院演講，在介紹來賓過後坐在第一排聽講，聽著，聽著，暈了過去，演講不得不暫行停止，趕緊把他送至八〇四醫院急救。幸虧八〇四醫院就在光復校區的對面，急救得時，挽救回了他的一條性命。我曾到他的病床前去探視，見他屈膝弓背酣睡在蚊帳裡，簡直像嬰兒一樣。

一九八三年的夏季，呂迺正主任申請到美國進修一年，簽請我代理系主任的職務，衡量系的現況，自己的身份，只能「蕭規曹隨」，不敢有半點踰矩，那一年外文系的系務安然度過。

一九八五年暑假尚未來臨之前，我接到校長室的電話，要我去見校長，在校長室坐定後，夏校長即單刀直入地說：「外文系交給你了！」

他期盼我努力推動系務外，也能在提昇全校英語能力方面盡一份責任。我除了感覺這項任命來的有點唐突外，並沒有假惺惺的謙讓，乃欣然接受。

憑良心講，那時的外文系的確存著一些磨擦，但是，我記得在南伊大時，我的指導教授曾提到磨擦（friction）這個字眼。他說一個系內若沒有磨擦，就沒有進步。心想，我若能度量大，把別人的呵斥視為出自善意，一切事端會迎刃而解或至少能起緩和作用，若再能遵守對事不對人的準則，那就更趨完備。

茲將犖犖大者所謂之「政績」臚列於後：

為助教謀出路

系務是無止境的，也就是說推動的再完美，仍有改進的餘地，儘管如此，系務總不能原地踏步，一點點的改進方為正途，首先我注意到的是助教的問題。

文學院的助教與理工學院的助教有天淵之別：前者一經聘任，即以校做家，勤學苦讀，冀望能在這個大家庭裡有朝一日能升任為講師，擺脫上下班的桎梏；後者把助教的職位視為跳板，一旦申請到外國（大部份是美國）學校的獎助學金即離去，三、四年後獲得博士，若返校任教即被聘為副教授，一躍三級，能不令人羨慕？

最令人感到不公平的事是同為一校之教職，助教不能申請留職停薪出國進修。有鑒及此，我乃向夏校長建議：希望外文系助教能比照講師留職停薪辦法出國進修，夏校長諮諏善道接納忠言，致使外文系前後有三位助教出國進修碩士，其中一位後來做到了系主任的職務。

辦理「中華民國第二屆英美文學研討會」

一九八五年的歲末，我應邀去台中市參加國立中興大學外文系主辦之「中華民國第一屆英美文學研討會」。會後，曾宣毅主任徵詢我的意見：「下屆研討會可否由成大外文系主辦？」我當時的反應是辦研討會的關鍵是經費，若沒有財源怎辦？我答覆他：「返校向校長請示，若得到經費支援，就辦，否則，礙難遵命」。返校後向夏校長報告此事，他表示全力支持，並表示：「不辦研討會則已，要辦則將擴大辦理，除力邀國內在這個領域內的專家學者參與，還要羅致香港，新加坡及美國的學者來成大共襄盛舉，來回機票及食宿費全由校方支助」。

得此承諾，興奮莫名，當即電告興大曾主任：「第二屆英美文學研討會」由成大辦理，並在電話上向他請教辦理研討會的注意事項。

曾讀到夏志清教授在報紙副刊上發表的一篇文章，文內推崇莊信正博士做學問如何紮實，文筆如何蒼勁老練及人品如何端正等，頗為感動。於是乎，我向該報副刊編輯要來他在紐約的地址，意外地得到他的承諾。

我請到的第二位專家是適在香港中文大學擔任訪問講座的周英雄博士。周教授獲有聖地牙哥加州大學比較文學學位，其專長為現代文學，文學理論等，其在英美文學上的造詣不可小覷，尤其他那一口悅耳的英語了得。

我們向各校外文系發出徵文函後，反應甚是熱烈，先後收到二十三篇論文。我們將這些論文以文類區別整理後，即排定場次，時間，主持人及講評人。美中不足的是那時辦研討會尚在摸索階段，鼓勵性質居多，寄來之論文並沒有經過審查，致有良莠不齊之現象。

為了抒發感想及為該活動宣導，我特別寫了一篇短文：〈見樹不見林的惆悵〉，於研討會召開的當日發表在《聯合報》的副刊上

「中華民國第二屆英美文學研討會」於一九八七年十一月十四日正式開幕。

研討會之壓軸戲為綜合座談，我自己別出心裁的定了一個題目為：「西洋文學技巧之借鏡」。常聽人說，會寫小說的人不一定懂理論，懂理論的人，不一定會寫小說，西洋文學究有哪些技巧值得借鏡，哪些不屑一顧，我那時沒有答案，很可能是心血來潮拋出來一個題目請「士林諸君子」討論，討論而已。

綜合討論會，出席人數空前踴躍，整個的演講廳座無虛席，再加上參與的學者皆為一時之秀，言之有物，致整個會場籠罩在學術的氛圍內，為國立成功大學文學院前所未有之盛舉，也為外文系注射了一針興奮劑。

研討會開過後，我依中興大學外文系主辦之「中華民國第一屆英美文學研討會」之前例：將二十三篇論文編輯成冊，並構思了一個文藝氣息很濃郁的封面：以米黃色作底，再搭配幾位英美

作家的玉照，由於套色合宜，整個論文集的封面出落的不僅大方，且具「西方文學氣」。寫了一篇約八百字的序，敘述成大接辦研討會的來龍去脈，並交書林書局出版。主持該書局的蘇正隆先生正派經營，不僅是為了養家糊口，也為了推廣英文教育。他器度非凡，除我們要的既定的限量外，加印了額外的數量分發至各大學外文系參考。

蘇先生曾慷慨解囊捐兩萬元資助成大外文系，在當時是一筆可觀的數目。夏校長十分愉悅，認為這個研討會是一個成功的研討會，破例為學術主管及工作團隊予以記功與嘉獎之鼓勵，其行政命令字號為（七七）成大人字第〇一〇五號，其主要內容如下：

馬忠良：記功乙次

「本校外文系於七十六年（民國）十一月十四及十五日主辦〈中華民國第二屆英美文學研討會〉除擔任召集人外，精心策劃：延聘國外學者來會發表論文，主編論文集，延聘知名學者擔任講評工作及安排一場深具特色之座談會，備受各界及與會人士讚譽。對提高本校校譽頗有貢獻，宜予敘獎，以資嘉勉。」

黃英甫：記功乙次

「襄助籌備規劃〈中華民國第二屆英美文學研討會〉對總務，庶務等工作均縝密計劃。大會期間，綜理各項雜務工作（如代訂火車票，安排住宿等）使與會人士有賓至如歸之感，績效卓著，宜予敘獎，以資嘉勉。」

劉開鈐：嘉獎乙次

「擔任〈中華民國第二屆英美文學研討會〉籌備委員會秘書，負責大會前有關資料之準備，分發及建檔工作並支援各項服務工作，任勞任怨，宜予敘獎，以資嘉勉。」

呂惠雁：嘉獎兩次

「擔任〈中華民國第二屆英美文學研討會〉主任秘書，負責國內外與會人士函電聯繫，並校對論文集，新聞發佈及擔任貴賓接待等工作，績效優良，宜予敘獎，以資嘉勉。」

呂浤憓：嘉獎兩次

「擔任〈中華民國第二屆英美文學研討會〉預算編列，會場安排佈置等庶務工作，並支援各項服務工作，任勞任怨，宜予敘獎，以資嘉勉。」

儘管研討會被稱謂「成功」，卻也發生了一個令人既遺憾又不為外人知的小插曲。研討會之開幕慣例是：一、由主辦單位之首長致歡迎詞；二、由一位貴賓或多位貴賓致祝詞或勉勵詞。前者我當然請夏校長致歡迎詞，因為他是主辦單位的校長；後者我請前台大文學院院長朱立民教授致勉勵詞，因為他是英美文學學會的創辦人。夏校長致詞時，除對來賓表達了歡迎之意外，也對國內外不怕舟車勞頓前來發表論文之學者專家表達了感謝之意。

詎料，朱前院長致詞時，卻語帶譏諷撂下一句：「遠來的和尚會念經！」一語，聽眾先為之一驚，後為之迷惑，朱院長為什麼在這個時候說這麼一句酸話。

但是，我馬上意會到朱前院長是英美文學學會創會會長，又是英美文學領域內的前輩，應該請他做主演講人（keynote speaker），不應該請紐約來的莊信正及香港來的周英雄「打頭陣」。由此看來經驗之於人大矣！但是，這不是我的疏忽，請海外學人做主演講人是上級的指示。

休息時間，東吳大學的資深教授李俊卿前來向我致意，批評朱前院長講話之不得體。朱教授究是前輩，經多識廣，過了一陣子，我收到他寄發的一張明信片，上面有：「致詞時，語多不當，請見諒」等語，心想此事已經成為過去式，保留此明信片，已無意義，乃加以處理。

充實系圖書室

成大是以工學院起家，長久以來有許多傳言：「校方不重視文學院」。但是，就個人的觀察這不是事實，至少在夏校長任內做了許多「拉拔」文學院的舉措，譬如：籌建依教育部建築造型為濫觴之文學院館，即是其中之一。

有一天上午，夏校長突然來外文系巡視。那時除總圖書館外，各院有院圖書室，各系有系圖書室。我陪他巡視一周後，到了我們的系圖書室，當他看到書架上零零落落的書籍時，脫口說出至今令我難忘的話：「我看你會做事，學校除按往例已分配給各院系之圖儀費外，再撥外文系兩百萬圖儀費採購書籍，希望你能在最短期開列申購書單！」這自然是個大好的信息，立即通知系裡同仁開列他們所需要的書籍，也委請幾家代理外文書籍的書商提供資料，俾能篩選後申購。

協助編輯大一英文讀本

編輯大一英文讀本是各校外文系最感頭痛的事，無論如何努力難滿足全校各系學生之需要。成大外文系原則上每隔兩年即更換大一英文讀本，有時候也隔三，四年更換一次。這樣的做法是使新的及好的文章及時選進來，舊的及不合時代的淘汰出去。

每次出新讀本時我們都成立編輯委員會，先由各編委負責遴選文章，繼將各選之文章印發給全體編委，最後開會決定文章之取捨。很不幸地是為選文章，編委與編委起齟齬的事；在我任內成立之編委會，就有兩位委員為一篇文章意見相左，爭論不休，鬧的不歡而散，而且心有餘恨，並波及到教學上的問題。這位外籍教師意有所指的說：「我們美國人都看不懂的〈Faerie Queene〉（仙后），妳怎能拿來教學生？」

有些編輯委員忙於教學，研究及服務，未能將分配到的文章之：「作者介紹」，「導論」及「註解」按時繳來，一再催促，也無濟於事，若再延誤下去，即影響出版時間。最後，編委會主席將新編大一英文之初稿交由系主任處理，系主任得做「收尾」工作。

儘管爭論不休，困難重重，無可諱言，那年，由書林出版公司印行之《大學英文讀本》

（College English Reader）是歷年來成大外文系所編著之最理想的其中一本，施強華所寫的那篇序文，更是中肯。

為了提高教學品質，在我任內，曾聘明尼蘇達大學英語系的彼得・傅爾曉（Peter E. Firchow）及其夫人艾維琳・傅爾曉（Evelyn S. Firchow）為訪問教授：前者開授英國文學；後者開授高級德文。

為成立研究所做準備，我自台北聘來了閻振瀛教授。霎時外文系呈現「鷹」的狀態，振動著翅膀，有起飛之勢。

第三十章 「萬里尋才」

夏校長除了支持外文系舉辦學術活動外，他的另一創舉是命我「立即」赴美，以一個月為限，延攬三位主修英語教學的教師來校提升全校學生英語聽講能力，此三位教師的員額暫由校方撥給。

我奉命「立即」辦理出國手續之餘，心有戚戚焉。心想，最好的做法是聘三位外籍教師，放在隸屬文學院之語言中心編制內，對全校學生開英語聽講實習的課，並把此課程列為常態的課程。

退而求其次的做法是在半年前來規劃此事，並逐步向美國設有英語系（附有英語教學組的為主）的大學聯繫，請他們將此一徵才訊息，譬如：資格，待遇，住宿，免費來回飛機票等公告在他們的公告欄內，若有人有興趣來台灣教書，可直接與成大外文系聯絡。

最糟糕的是這種「臨時起義」的做法，茫茫的美國人海裡去哪兒找我們心目中的人材？即便是我有三頭六臂也無能為力。

情勢混沌，但「命令難違」，我還是靜下心來做了兩件事，方踏上「萬里徵才」之路。

第一是函請青輔會將此徵才訊息，刊登在發行至海外的英文出版品上（那時尚無網路）。

第二是我寫了一份通用的英文徵才信稿，加以複印，簽名及付郵一批函件至美國各大學，並隨身攜帶數十份。

倉卒中我決定去四個地區：舊金山、紐約、明尼蘇達及夏威夷一試。

第一站：舊金山

舊金山是我最喜歡的美國都市，冬季沒有嚴寒，夏季沒有酷熱，況且，那裡住著一位生平好友鄭繼宗。他在舊金山州立大學圖書館東方部門工作，也在該校附屬於英文系之中文組內擔任中國古典及現代文學課的教授。想著與他即將敘舊，十分高興；也曾暗想，如果幸運的話，能在此地一舉得到三位我需要的人才，其餘的行程，就可吃喝玩樂遊歷美國。

抵達舊金山後，「駕輕就熟」的我即住進十餘年前住過的旅館。翌日，一大早即乘巴士趕往舊金山大學。走在碧草如茵的校園裡，看著學生們行色匆匆，低著頭，縮著頸，挾著書，生氣勃勃像趕路似的在校園裡來回穿梭，感覺上似又回到往昔我在美國校園內求學的歲月。有隻小松鼠似在前領路，只見牠拱起背，豎起前爪，先眼觀四路，繼諦聽八方，最後前腳撲，後腳蹬，一竄一竄的躍到樹腳下，繞樹幹向上爬沒入濃密的樹葉裡，一切顯得如此之靜謐，如此之祥和，在這一叢樹後，就是英語系館。

進入系館後，即去佈告欄看有沒有我徵才的信在裡面，舉目四望，佈告欄裡有五花八門的招貼，就是沒有我的徵才函的蹤跡。我本擬去見系主任，然想到沒事前約定，鹵莽行事恐有不妥，於是乎，在佈告欄內留下我隨身帶來的複印徵才函，並在旁加上了現時的電話，即折返旅館。

晚間如約去鄭繼宗教授家聚餐，多年不見，歲月的痕跡在他泛白之鬢角上出現；他對人是真性情流露，再加上中國古典文學的蘊藉，言談之間中國文人的風骨出現。又由於舊金山是美國重要的門戶之一，他的家成了兩岸三地文人入境，出境之轉運站。經過他接待過的我所知道的有沈從文、蕭軍、蕭紅、齊邦媛等。

席間，我們曾談及前輩學人許芥昱教授，並對他的遭遇唏噓不已。

許教授是一九四〇年代的留學生。其時，正值抗日戰爭熾烈，來美後，先念新聞，後涉獵文學，最終落腳於舊金山大學。因緣際會，娶了位美籍法裔太太，能說一口流利的美語，表面上看來，一切的一切他早已融入了美國的主流（mainstream）。其實不然，血管裡流淌著的仍是中華民族的血，懷鄉的心仍真切，白日生活在另一種文化裡做人，夜裡思索著未來在異地裡做鬼，能不感慨係之？於是乎，他成為繼宗家裡之常客，灌下幾杯老酒後，唱抗日軍歌，吟誦唐詩，宋詞以澆心中的塊壘。迄今仍記得他誦白居易之〈問劉十九〉那首五言絕句的情景：「綠螘新醅酒，紅泥小火爐，晚來天欲雪，能飲一杯無？」

他與作家黎錦陽是同一時代的留學生，英文造詣不薄，且均胸懷大志，欲以英文小說踢開美國文壇的大門，並約定誰要是「捷足先登」，誰就請吃一隻老母雞，結果是黎錦陽以《花鼓歌》一鳴驚人，且改編成了舞台劇，風靡全美國。許老師說：「黎錦陽並沒履約，至今一隻老母雞仍欠在那裡。」

有一年舊金山下大雨，山洪暴發，其座落在山上的住宅不僅被大水沖走，許教授也罹難，屍體被沖到了太平洋裡，被撈獲時，傷痕累累，死狀至慘。

他用英文寫了一本不對外發行的小書，題名是《Our China Trip》（故國行），一語雙關，繼宗說：「他寫這本小冊子的目的，純粹是為了散發他被拘留在上海的怒氣。」

翌日上午，我接到了一位美國人的電話，他先以英語與我交談，後就試用中文與我溝通，並表示到台灣教「英語聽講」這樣的課非常有興趣，希望我能儘快的與他見面。

他的中文名字是馬明，英文名字已記不得。見了面的第一句話即是：「I am easy-going but disciplined」（個性隨和，但有原則）。他給我的印象是英語發音標準，措詞恰當，面部表情豐富而具熱忱，不但是英語教學系新出爐的碩士，而且會講中文。我私自慶幸：「這就是我夢寐以求的人選」。

談妥後，我突然意識到他的未婚狀況。若以他這高䠷的身材，端正的儀表，在我們的校園裡鬧出「師生戀」，豈不犯了大忌！我把我那「暗藏玄機的話」剛引導至這個主題上，他表示他曾在舊金山的中國城裡「混」過，瞭解些中國文化：「兔子不吃臥邊草，對吧？不談戀愛則已，要談則會在校外尋覓像電影明星陳沖那樣的女孩！」

第二站：紐約

一星期後，我想在舊金山一舉斬獲三位人選的夢終於碎了，不得不趕行程中的第二站——紐約。

抵達紐約的那晚，拉瓜地（La Guardia）機場正時逢大雨，能見度很低，於是乎，機長宣佈要在上空盤旋十五分鐘後方能降落。

飛機在上空轉了幾圈，試圖降落，快接近地面時，又振翅起飛，直到雨稍停時，方平安著陸。坐在計程車內向窗外望，萬家燈火中的紐約市籠罩在細雨直直落中，又像在薄薄的霧裡，頗具朦朧的形象。

第二日，又重拾故技去紐約市立大學英語系，看佈告欄裡有沒有我那封「招賢納士」信的

「芳蹤」？

失望之餘，又將帶來之複印的信件貼了上去，又夢想著若能在此地物色到二位獲有英文教學碩士學位者，後面的兩站可去也可不去，一切隨興所至。但是，天不隨人願，一個電話也沒接到。

情急之下，我在電話簿上找到類似教師工會的組織，撥電話過去請求協助把「徵才訊息」傳播出去。此一招果然奏效，接二連三有人打電話進來詢問，其中有二位申請人竟是夫妻。

紐約市已進入冬末，春寒料峭，我在那間旅館的餐飲部裡等那對夫妻檔的申請者來面談，心頭增添了許多暖意，間或，我也在做祈禱，祈禱上帝：「來一對適合的人選吧！來一對適合的人選吧！」否則，這種在人海裡撈「人」的「罪」到什麼時候方能受完？

他們如約前來，我一眼看過去，就覺得他們是十分登對的一對：男的英挺，女的秀氣，年紀約在三十左右，說一口悅耳的美語，且輕言細語，舉手投足間發出學養氣，最主要者，他們是英語系的碩士。

我直言不諱地告訴他們，台灣的國立大學待遇雖不算優渥，但有許多福利措施，以兩位講師待遇的綜合所得，在台灣應該過得不錯，尤有甚者，教「英語聽講」這樣的課，對他們來說不啻如舉手投足之易。他們聽完，面帶喜悅，表示很有意願，決定來台一試。

我自然樂意見到這樣的結果，一時興起，即請他們吃中午飯。席間，曉得他們已結婚多年，迄今，膝下尚無孩子，我告訴他們台灣地屬亞熱帶氣候，就個人所知，許多多年沒生育的外籍教師到台灣後即有了兒女，束裝返國之際，多一個寶貝帶回美國，他們聽了為之莞爾不語。

延聘三位教師的事總算塵埃落定，但是，已約定好的申請人的面談仍不得不照舊進行，或許有了「先入為主」的觀念，總覺他（她）們的學歷雖高，但也有了把年紀，與我們台灣的大學生容或有代溝的隔閡，乃悍然地拒絕。

第三站：明尼蘇達

在明尼蘇達大學任教的彼得‧傅爾曉夫婦，在我代理系主任時，曾被我聘到成大客座一年，現返回明大，彼得在英文系教英國文學及文學批評，其夫人艾維琳在德文系教語言學及德文；前者嫻熟三國語言，德文、西班亞文及英文；後者精通德文與英文。最可貴者，他們二位都很喜歡交朋友，三教九流的人物都可以湊合。在台灣時，他們結交過賣蔥油餅的小販，並稱蔥油餅是中國的披薩（Chinese Pizza）。

由於三位教師已聘滿，從紐約飛明城純粹成了訪友的性質。

我抵達明城時，正值大雪，寒風刺骨，彼得說：「Only the toughest people can survive this abominable weather（只有最慓悍的人才能在這種可惡的天氣裡生存）」。又我們系內曹定人副教授係明大新聞系出身，恰在此時回母校訪問，因此是彼得的座上客，三個人，人手一大杯啤酒，斜倚在沙發上享受風雪中的友情。

彼得對英國小說家及批評家阿多士·赫胥黎（Aldous L. Huxley）私淑有加，對美國小說家則持保留的態度。我說我念過的英美小說家的作品有限，勉強說，我只念完過海明威一人的作品。他對他的成名作《太陽照常上升》情有獨鍾，並認為此一小說是海明威最好的著作；我則認為《老人與海》最值得推崇。

他對成大外文系有所批評：「班級人數太多，掌握不易，改起考試卷來，很難給每位學生一個應得的分數；有國民黨臥底的學生在他班上，職是，許多乖乖牌的學生要看他們的臉色行事。」我對前者表示同意；對後者持相反的意見，並表示這簡直是不可思議！

他曾帶我逛明大圖書館，書店，英文系。天氣明朗時，也駕車帶我在附近兜一下風，隔著車窗欣賞雪景。

我在彼得家盤桓了四、五日，即飛洛杉磯，原本想跑完既定的行程之第四站——夏威夷，但是，我想到任務已經達成，而且那時實在是身心俱疲，只好臨時改變行程，搭華航提前返台。

第三十一章　代理文學院院長

我生平搭飛機，從來沒有像那次自洛杉磯到桃園中正機場那班中華航班來的空蕩，整架七四七客機沒幾個旅客。心想，這一下可好了，我可以舒服地睡十三個小時到台灣。

人有時是「賤」的動物，當你擠坐在客滿狀態中，左右乘客的手肘快接觸到你的手臂，有種窒息感時，你還可以屏氣凝神打盹兒，如今，能在座位上平躺下來，枕著墊子睡覺，卻任怎樣也不能入睡。人啊！不是「賤」是什麼？

隨著「簌簌」的飛行聲，我的腦海像倒帶似的在那裡轉動：想著我是如何的重返成大，如何的兩次留美，如何的讀大學，如何的退伍，如何的死去活來，如何的在澎湖從軍，如何的在閩東道上苟延殘喘，如何的去見了叔叔，如何的在長安鎮流亡學校寄身，如何的在青島賣鞋度日，如何的離開家鄉，家鄉的父親還在嗎？忠蘭姐與忠信弟怎麼樣了？

回到現實的處境：行政與學術能否兩全？我有兩者兼顧的本領嗎？聘到的三位生力軍，除提升全校學生的英文聽講能力外，外文系如何也能得到他們的協助？

飛機已翩然飛到台灣上空，我不但沒有睡意，而且精神特別亢奮，十時半出關，坐上巴士（統聯）直放台南，到達家門已凌晨三時左右。

回到外文系系主任那間小窩後，向夏校長報告此行之成果，並向他保證秋季開學時，成大之英語學習環境將呈現新貌，夏校長聽畢，嘉勉不已。

那些日子我好像是被空洞的幸福感（euphoria）沖昏了頭，走在路上，腳底下好像裝上了彈簧一般。沒多久，我收到紐約市那對夫婦的來信，言他們在紐約已找到了工作，不克前來。「禍兮福所倚，福兮禍所伏」，老子的話，證之我那時的情況，絲毫不爽。

好在，我離台赴美徵才之前，在青輔會出版的刊物上登有徵才訊息及我發出之徵才函件，意想不到的竟在此時發揮了莫大的作用。有三位具有英美文學博士及一位英語教學碩士者來信應徵。其中約翰・司各脫（John Scott）及其夫人最適合我們的徵才條件，當即函覆他們於秋季開學一個月前來校報到。

另外兩位學者伯爾傳・麥司休（Bertrand Mathieu）及理查・狄甘尼奧（Richard de Canio）皆是美國名校出身，著作等身：前者卜居巴黎；後者在西雅圖。

其時，曹定人副教授尚在明大訪問，並欲近期返國，我乃請她乘返國之便，繞道西雅圖代為面試。面試的結果是：狄甘尼奧學有專精，只是人很「真實」，弦外之音為「人恐怕不太好相處」，但是，我審慎地讀了他三位教授之推荐信函後，覺得他會遵守我們系的一切規定。

我乃以專案：「教育部擴大延攬案」聘請他們二位來成大任教兩年。他們的聘請是我的「無心」之作，也可以算是「萬里徵才」的外一章吧！

一九八八年夏校長更上一層樓，出任國科會主任委員，成大校長由曾任過工學院院長的馬哲儒博士接任。

此時之文學院發生了一個令人最棘手的問題，那就是中文系與歷史系對共同設立之歷史語言研究所的掌控權僵持不下。

該所於一九八五年成立之際，動用了中文系與歷史系的共同資源申請設立，中文系負責語言組；歷史系負責歷史組，但是，一山容不下二虎，時日久了，起了齟齬。

于大成教授因病僅做了一任的院長，即返北市養病。自一九八五年的暑假起，黃永武教授掌文學院兼歷史語言研究所所長。文學院院長好做，歷史語言研究所難為。

到了一九八八年，兩個系對歷史語言研究所之方向，開課等均有所堅持，因黃永武院長是中文系出身，難擺脫偏袒中文系的嫌疑，其實那時他已接了院長聘書，離開新學年度開學僅剩下一個月的時間，睿智如黃院長者洞悉，若再做下去，其在精神上的磨難將不知伊於胡底？於是乎，他以快刀斬亂麻的做法退回聘書，並毅然的離開成大。

事出突然，使得新上任的馬校長亂了陣腳，我在成功校區學生實習銀行內，遇到了他的夫人楊友偉教授（物理系），她說：「他頭大了！」

馬校長人如其名，既有智慧復博覽群集，雍容大器復虛懷若谷。每日，他騎腳踏車上下班，若在校園內遇到認識的教師同仁，必下車陪「君」走上一程，這種作風，不消說沒有對立，就是有所謂之「對立」也被他消除於無形。如今，他卸任校長職近二十年之久，有兩件關於他的事仍被同仁津津樂道：

一、舊曆年年三十夜，他必攜帶著禮品到各校區門口慰問沒法回家喝團圓酒的校警同仁。

二、於舊曆年前，他必撥冗親到年齡最長之退休教師府上探視及拜年。

教我文法與修辭學的于希武老師高齡九十有餘，身體常年微恙，不顧耳聾之痛，拖著顫巍巍的身軀，假台南市東興路大使館餐廳擺了一桌宴請馬校長，並請我們作陪。席間，于老師頷首示意要我們吃菜喝酒，整個的宴席過程，只講了一句話，那就是：「我很欣賞馬校長的為人！」

該年八月底，馬校長送來一張聘書，要我代理文學院院長，任期一年。其理由不外乎，我既不屬中文系，也不屬歷史系，是屬中間的外文系，行事應不致偏袒，而且係代理性質，目標小，不太可能成為攻擊的目標。

其時做系主任已屆滿三年，我對行政工作有了些經驗，會無大小，一律參與之。大至代表文學院出席一級主管會議，校務會議，行政會議，教務會議，主持文學院院務會議；小至參與院屬語言中心之推廣教育會議。心想，如今是外文系主任又兼院長職務，很可能是我生涯中之顛峰，故常兀自警告自己：千萬要持盈保泰，自供自保，不允許有任何閃失的事發生，萬一有閃失，將會淪為「萬劫」不復之地。

此舉一個例子說明我不為「利誘」之芝麻小事羈絆。

我雖身兼二個主要職務，卻拿一份行政職務加給。但是，院長也兼語言中心主任，有時也能拿到些合法的小錢，例如：語言中心於暑期中舉辦推廣教育的結餘。

一九八九年暑期推廣教育結束之後，結餘已按照同仁參與名單分配完畢。但是，文學院院長室秘書的一份卻被漏掉，致語言中心負其事者慌張失措。大家在暑期中冒溽暑來上班及協助，誰願意將已領到的辛苦所得再吐出一部分？因此，僵在那裡，場面尷尬。我提著公事包踽踽獨行的走進辦公室，知道了箇中為難處，即毫不

▼一九九〇年十月十五日，哥大教授夏志清蒞校演講，由作者主持。

猶豫的將擺在我辦公桌上的「信封」，原封不動的轉給了院秘書。我沒被小小的「利益」絆倒，落了個大家快樂！

南部有兩所綜合性的大學：成功大學與中山大學。余光中教授為中山大學文學院創院院長，其麾下的人才濟濟，頗思在校際整合工作上略盡棉薄。他首先發「難」，提議由中山大學與成功大學舉辦「學術交流研討會」，藉以提高南部文學院的學術風氣，也為沉鬱之文學院添些生氣。如眾人所知，余教授學貫中西，對英美文學之研究有獨到之處，教課之餘，以左手繆司，右手散文蜚聲文壇。

由於余光中教授的大名出現在我們學校舉辦的研討會的海報上，那次在成大舉辦之研討會特別成功。值得提的另一件事是一九九〇年，曾邀請哥倫比亞大學夏志清教授來校演講，題目是中國現代文學，由本人主持。

▼一九九八年作者代理文學院院長時，主辦中山大學成功大學學術交流會。
後排：站立者為作者，同排坐者為馬哲儒校長與余光中院長。

第三十二章　訓導長的甘與苦

憑良心講，大學裡的教務長、訓導長及總務長的工作，以訓導長的工作比較輕鬆，這自然是指平時而言。如果處在學潮頻仍的時期，訓導長的工作比教務長及總務長的工作來的煩心。

一九八九年的那個學年度，台灣各大校園內學潮蓄勢待發，大有「山雨欲來風滿樓」之勢。在辦理過大學聯考之後，暑假正式開始，行政人員只須上半天的班。一日十時左右，馬哲儒校長先以電話告知要我在我的辦公室等他，繼之，騎著腳踏車來見我。他一跨進門檻即開門見山的講要我接訓導長一職，我的直接反應是我的能力有限，掌一個系，尚能勉強應付，若掌兩萬多學生的訓導工作非不為也是不能也。

但是，見到馬校長汗流浹背及聽到「咱門兄弟」的稱呼時，我即改口請他給我幾天時間考慮，考慮的結果自然是被「咱們兄弟」這四個字感動，於是，決定「拔刀相助」。

學潮並不可怕，可怕的是不知道如何去紓解它，要紓解學潮的必修功課，就是把它放在大環境裡做整體的考量，然後，因勢利導，且不可逆勢操作。

一九九〇年代，受大環境影響，學生在校園內作怪，氣焰囂張，要求改革這，改革那；長於權謀的李登輝總統起用軍事強人郝柏村為行政院長，不啻是火上加油，在校園裡冒出來的口號是：「反對軍人干政！」

在成大校園內，學生首先發難的是：「勝利餐廳的伙食辦理不佳，要求校方下放權利給學生自行辦理」。成大辦學以嚴謹著稱，學生夙夜匪懈的努力，過關或過不了關尚在未定之天，他們哪有餘力擔當辦理伙食的重責大任？即使有此餘力，學生年少氣盛，做事往往是五分鐘的熱度，若把經營權交給他們，中途「棄甲」而逃，勝利餐廳開不了伙，學生吃不上飯，誰來負責？

鬧學潮總得找個藉口，勝利餐廳的伙食固然是惹人非議，成了學潮的導火線，但若沒有勝利餐廳的問題，也會在別的方面「興師問罪」。

我上任後，即與學生共組「學生膳食管理委員會」。在訂定章程時就明定學生代表人數，教師代表人數，營養師人數，執行秘書人數。名義上為「學生膳食管理委員會」，實際上有老師及執行秘書（多由生輔組主任擔任）參與，並從旁協助。此一折「中」做法，暫令餐廳風波平息。

如法炮製，我也推動了「學生宿舍自治組織」，舉凡床位之分配，收費之標準，管理上的規定，都有學生的意見在內。除此，明定寒暑假住宿收費制度，藉此將寒暑假之住校生納入管理。

學生自治會（簡稱學生會），在成大存在多年，往昔，它是個乏人問津的組織，由於大環境的改變，角逐會長的氣氛一下子變得異常熱絡。

八字還沒有一撇，角逐會長的學生夥同他的競選夥伴來校長室，翹著二郎腿，搖頭晃腦的要求校長給學生會會長一個定位。最不可思議的是要求設學生會會長辦公室，撥經費供他辦公，並認為民主社會裡的大學學生會會長應該與校長平起平坐。

跟不上時代潮流的學生會組織章程可以修改，但絕對不能接受學生的瞎胡鬧。為了建立一個能運作的學生會，我與時任生輔組主任的黃煥黔教官參與了他們修訂章程的會議。合情合理處，均放手讓他們去修訂，有教育部及校方頒布之白紙黑字之明文規定者，決不妥協。

學生會會長選舉時，校園內雖旗幟飄揚看似熱鬧，但「普羅大眾」之反應卻出奇之冷淡，出席投票的學生人數往往不到十分之一，這樣選舉出來的學生會會長代表性很低，常需重選，但為了使學生會會長的選戰「畢其功於一役」，不得不把當選之門檻兒壓低。

低票數選出來的會長往往是代表某種勢力；他們在校園裡興風作浪，不但帶著口罩靜坐，也號召「群眾」遊行示威，美其名為反對軍人干政。

學生要在校園裡舉辦遊行示威活動，如果不准，必激起強烈的反彈，如果准他們，口號聲會淹沒了一切，於是乎，採取彈性措施，非上課時間：中午午餐及下午下課時間，准許他們在校園內表達他們的意見，並規劃出遊行的路線，有指導老師指導及維持秩序，不能讓他們的「演出」

荒腔走板。此招數雖是險棋，卻化解了學潮帶來的可能危機。

國民黨南區知識青年黨部第一知青部設在成大校園裡已經有段歷史，值威權時代，黨部在校園內運作是天經地義的事，沒有人敢提出異議。時屆一九九〇年代，威權時代下的控固力已趨於瓦解，黨部在校園裡成為聾子的耳朵，不僅沒有任何作用，連小組會議及區黨部會議之召開也是虛應故事。

黨部的辦公室由堂皇走向隱蔽，辦公室人員在名義上雖多係志願人員卻來自訓導處各單位，聚集在黨部辦公室內辦公。適時「黨部退出校園」的聲音此起彼落，撐不住外來之壓力，退到一個角落去「休養生息」。不要說運作了，連招牌也悄然地拆下，黨外人士沒人知道黨部辦公室究在校園哪棟建築物裡。

但是，「有心」的學生，在「有心」的老師帶領下「窮追猛打」，找不到國民黨黨部辦公室勢不罷休，經過一番努力後，他們終找到了，並在樓下，架起了烤肉架，聲言黨部若不及時遷出校園，他們將效法「赤壁大戰」，以火攻之。

我在萬分恐慌之下，忙向南區知青黨部書記長步天鵬請示「神機妙算」，他說：「國民黨仍然執政，黨部哪有退出校園的道理？你繼續與學生們溝通！」

在請示黨部不得要領下，我轉向馬校長請示，馬校長對此事，一時也沒有明確的指示。

我蹲在遙遠處觀看學生圍著烤肉架烤肉，罅隙露出熊熊的火光，心想此事如不緊急處理，學生投擲石塊先打破了二樓的玻璃窗，再投擲進去火把，黨部將陷入火海，到那時事就鬧大了，大得我無法收拾。

我當即下定了決心立刻處理，夥同紀總幹事燦輝、義工陳淑英、內子王寶蓮當夜將黨部搬至北區區公所的樓上，將書籍分散在我與紀總幹事的家裡。

第二天，他們發現黨部已「人去樓空」，沒再烤肉下去，一場可能的災禍就此逃過。

十一月十一日是成大校慶日，依照慣例，得舉辦成大運動會，而大會操是運動會項目之一，而且此節目是列在運動會節目單的第一順位。因此，體育組的老師於參與大會操班級的體育課上，挪移出十分鐘的時間排練之。此一舉措，竟也引起學生們的反彈，認為佔用了他們的「正課」時間，不但要求老師道歉，還向訓導處提出嚴懲老師的要求，語帶脅迫，如果得不到滿意地回應，揚言「擱淺」大會操到底。

我認為學生志在刁難，一邊與學生會會長繼續溝通，一邊規劃了強硬的措施及做了沙盤演練，如果大會操當天，真有學生出來「搗蛋」，我們就請警衛強行驅離或強行架走。學生會會長嗅出訓導處的強硬立場，已有軟化跡象，她表示只要訓導長能就「大會操佔用體育課時間排練是否適當」給予說明，她就勸阻同學免擱淺大會操表演。

做訓導長的人哪能與學生計較，只要有轉圜的餘地，就求其全。於是乎，我依照她安排的時間來到大會操預習的隊伍前。

她在我講話之前先向台下同學們說：「學校允許體育組擅自利用正課的時間來演練大會操是不當的，但訓導長很有誠意來與同學溝通及說明，請大家安靜！」

我接過麥克風來說：「成大大會操行之有年，是校運會不可或缺的項目，最能表現出成大青年的青春活力與氣魄，至於能不能佔用體育課時間，我們再研究！」此話一出，她好像找到了下台階，立即請求我把麥克風交她使用，並順著我的口氣說：「訓導長已答應要研究了，這應該是學校的回應了！」她講完這句話，便趁機溜走。

台下的學生一哄而散，我離開時，仍看見有些學生在操場上爭論不休。

校慶當日，值大會操上場之際，仍有些學生攜帶著厚紙板製造的抗議牌到操場上來抗議，當他們看到帶領大會操的老師指揮若定，參與大會

▼一九九〇年作者任成大訓導長，於校慶運動會中領導校友、系所學生進場。

操的學生洋溢出來的興奮表情，即把紙牌拋掉，跑到隊伍裡，合著音樂的節拍舉手投足起來，那天，表演出來的大會操出奇地整齊劃一，十足地表達出成大青年的活力。

成大原摩托車管制辦法，僅准教職員工於上下班時間內行駛校園，上課時間需熄火推行，學生摩托車則一律不准進校園。這個管制辦法雖實施多年，卻有失公平，久為學生所詬病。在同仁的建議下於各個校區內開側門，就附近之空曠地區開闢摩托車停車場，四周架設欄杆，管制摩托車「橫衝直撞」的進入校園。修訂原來管制辦法：「教職員工生之摩托車一律不准行駛校園。」

我做了六年的訓導工作，最令我感到悲痛的是有二十六位學生死於意外，其中印象最深刻地是管理學院工業管理系的兩位學生在南鯤鯓的海邊溺斃事件。

大約是五月份，台南已進入燠熱季。週末假日，十幾位同學約好到南鯤鯓沙灘作排球活動。幾個回合後，大家都汗流浹背，有一位來自彰化縣溪湖鎮的學生竟不顧載有：「此處水深危險，請勿游泳」的警告牌，毅然下海，一邊向前走，一邊往身上潑水。走著，走著，突然消失了蹤影，大家驚慌失措，站在沙灘上大聲喊叫，最後看到他載浮載沈的漂向大海。

沙灘上的學生亂成一團，有的奔向附近警局報案，有的繼續向大海呼喊，還有一位來自澎湖西嶼的學生憑藉著熟諳水性竟鹵莽下水，誰知道此一「奮臂擋車」之勇，又平添了一個亡魂。

這兩位同學的屍體兩天後被發現：一具被沖回到海岸；另具則被旗津的漁民網起。

分別去祭奠時，看到兩大家人，哭天搶地的慟哭兩個如此夭折的孩子，我感同身受，跟著他們流下無助的淚水，真正體悟到學生安全工作的重要，刻不容緩的措施得馬上規劃，於是乎，把成大歷年來最典型的重大學生意外傷亡事故印成單張，發給全校學生，希望他們提高安全警覺，並能起一些振聾發聵的作用。

令我高興的是成大學生社團之表現；大部份的社團均依照創社宗旨運作，成果卓著，也有極少數的社團經不起時間的考驗自生自滅。其中最令人喜愛的是服務性的社團，他們不怕山路的崎嶇到山地裡輔導小朋友的功課，或者犧牲星期假日帶領盲人做一日遊，更有的是去仁愛之家，載歌載舞的去娛樂那些孤苦無依的老人。

在全國大學院校裡，有一項行之有年，且獨樹一幟的學生服務活動，那就是成大的板車隊。值每年秋季開學之際，板車隊員就踏著兩輪板車去台南火車站為新生載行李，吹著口哨，並一路歡笑，十足地代表了成大傳統的友愛精神。

學生社團林林總總，常在全國各地舉辦研習營，訓導長若能及時地在他們中間出現，對他們會有無比的鼓勵，所以，我只要有空，定上山下海去看望他們，也因此，我的足跡踏遍了金門、馬祖、澎湖及本島上的各個角落。

一九九三年成大籃球隊榮獲大學聯賽冠軍，欲赴大陸與同等級的大學籃球隊切磋球技，自在福建省打敗福州大學及福州師範大學的籃球隊起，成大籃球隊一路勢如破竹，除浙江大學的勁旅能抗衡外，餘皆以懸殊的比數獲得壓倒性的勝利。抵達南京那天，南京的《揚子晚報》曾報導成大籃球隊一行十九人來訪六朝首都的消息。

教育部訓育委員會主任委員楊極東先生見到學潮激烈，學生意外事故層出不窮，特在北、中、南三個地區設立「大專院校訓導工作協調聯絡中心」，冀望能統合各校發生之案例及解決之道提供各個學校參考，藉收「防患於未然」的效果。南部之中心設在成大，訓導長兼該中心主任自然成了當然人選，也就是這項兼職，我遍訪了嘉義以南，台東以西所有的大專院校。

訓導處自一九九三年改為「學生事務處」，簡稱「學務處」，其業務以學生事務為主，在名稱上雖除去了「訓導」的意涵，卻常與教務處混淆，需費些口舌解釋。

一九九五年七月三十一日，我六年任期屆滿，時任成大校長的吳京院士在歡送會上，對我讚美了一番，其中有這樣的話：「馬學務長在過去六年任內給了成大最安定的日子，是成大最成功的安定牌。」捫心自問，汗顏。

總而言之，我在馬校長任上做了五年的訓導長；在吳京校長任內做了一年的學務長。

第三十三章　香港姐弟會

自一九四八年我離開濟南至一九七八年在美國拿到學位止，有三十年之久沒與家人聯繫。在軍中時，受身份的影響不能通信。其後「解甲歸田」做了老百姓，因在公立學校服務，算是公職，仍不能通信。父親的影子雖不時出現在我的腦海裡，但也只有望海興嘆的感慨。

我離開南伊大時，心裡念叨著，若此時不與大陸上的家人聯絡，等待何時？於是乎，我借用一位任職南伊大朋友的地址，寫了一封信郵寄濟南市我家的舊址，並囑咐這位友人於收到大陸回信後，套進一個大信封內轉寄台灣。這是我第一次與大陸上的家人通信，既迷惘又有期盼。

半年後，我在台灣收到兩封由美國轉來的信，一封是住在南京市的姐姐馬忠蘭寫的，另封則是住在濟南市原住址，但是從未見過面之同父異母的妹妹馬玉蘭寫的。

姐姐於信內簡單地敘述我離濟南市後，家庭的變遷；父親早於一九五三年逝世。

弟弟馬忠信於解放後，流徙到東北，因風濕性心臟病英年早逝，得年僅三十有六，留下了弟媳于淑敏及三名姪女：馬青，馬宏與馬軍。她們現住東北的牡丹江市。

繼母，鍾氏於一九五一年，產下一女名喚玉蘭，留住在濟南的老宅子裡，未幾，繼母也去世，小妹是由其外婆帶大，長大成人後與莊生結婚，生了一個男孩名叫莊鵬。

姐姐本人隨濟南之軍被服廠之遷廠至南京，於一九五六年與尹維成結為連理，育有兩個兒子，長子建寧，次子建康，都成了家並各育有子女。姐夫為一資深教育人士，曾擔任過南京市寧海中學校長的職位。

小妹在信內描繪她接到我信的驚喜：「我從小就被告知，我有一位下落不明的哥哥！……除了立即打電話告知住在南京的姐姐外，立刻把你寄來的信轉去」。

這兩封信在我心裡激起了巨大的波瀾，我原以為有朝一日能夠見到父親與弟弟，這個無情的宣告，立即使我從幻想的雲端墜入慘酷的谷底，有段時間，我寢食難安，暗自啜泣，像遊魂似的到處晃蕩，並喃喃自語：「這不是事實！這不是事實！」田廷甫與繆立中兩位仁兄立即伸出援手，不僅親到我家來勸慰，也時打電話來關心。

到了一九八七年政府宣佈解除戒嚴，准許一九四九年來台的外省人赴大陸探親。此時，在國立大學任教的我，仍被列入禁止之列。到了一九八九年的舊曆年，我實在忍耐不住了，乃請姐姐與小妹到香港與我見面。

姐姐比我大四歲，個性爽朗，身手矯健，兒時與她玩在一起的遊戲是在院子內，踢羽毛毽子，每次她都贏我。

她比我聰明多了，尤其長於數字，常見她眼睛一眨一眨地計算。

夏季到時，她穿一襲仁丹士林布的旗袍，坐著人力車從商埠回家，竟引起我們那條光明街上小夥子吹口哨及騷動。

以她寄給我的兩寸照片來看，人雖有些滄桑，其輪廓仍有當年的神韻。

小妹完全是我繼母的翻版，最出色的是那對大眼睛及兩條結得紮實的辮子，像這樣的長相，穿時裝會更漂亮。

有了這兩張照片，不怕在九龍火車站找不到她們。

我與寶蓮提前一天抵達香港安排旅館，原則上能省下來的就省，打算於「曲終人散」時，送她們各一大件：電視機？摩托車？或者是洗衣機？

猶記得那天早晨，九龍火車站的上空烏雲罩頂，冷颼颼地寒流襲人，好像對我們的姐弟會添了一份悽愴的氛圍。

來會因國共內戰阻隔了四十年的親人，不難想像是怎樣的一個場景?!我強壓著激動的情緒，一再地提醒自己，只能笑不能哭，因為這是來慶祝大時代動亂後，存活下來的人的團聚！

終於看到了建康（我的二外甥）帶領她們，以試探的步伐向我們靠近，我再也忍耐不住了，快步向前以雙臂把她們擁入懷裡，並聲嘶力竭地哭個痛快。九龍火車站前的來往旅客，看慣了這種場面，一點也不為怪，哭了好一陣後，我方叫「的士」，把我們載到位於上環我們訂的旅館。

姐姐在旅館內又把家庭的變化重敘了一遍，言及父親死因的細節時，卻三言兩語的帶過，那好像是個傷心欲絕的禁忌，早已封閉，我也不願也不想再去碰觸，更不願打破沙鍋問到底，要她再痛苦一次，只是在夜深人靜之際揣摩她的語意，拼湊父親死亡的真相。

忠信弟的死亡也是一個悲慘的故事：曾為了償還「債務」去賣血，曾為了家計帶病去上班，原有的風濕性心臟病，「江河日下」，不但臉腫，四肢腫，致到了藥石失效，群醫束手的地步。在他彌留之際，姐姐曾千里迢迢到東北，陪他走過人生最後的一段路。

姐姐的遭遇也讓我為她捏把冷汗：遇人不淑，遭暴力相向，鬱悶到不能自拔時，竟萌臥軌的念頭。幸虧，高人指點，挽救回來一條人命。

姐姐手腳麻利，做事積極，曾獲模範女工的頭銜，自與姐夫合組家庭，有了兩個兒子後，生活上有了憑依，在南京市落實了戶籍，餘暇時，一直懸念著我這個生死不明的弟弟。

小妹秉性保守，語多保留，大意是父親撒手人寰時，她方兩歲，繼母逝世時，她變成了孤苦無依。在濟南曾與二哥相處過一段時期，並視二哥為「最有力的膀臂。」自忠信哥遷居東北，分道揚鑣後，他們就很少有機會相處。

最令她感動的是有一回二哥回來看她，在火車站作別時，他將身上僅有的二十元人民幣塞給了她，當她想到二哥可能一路上餓著肚子回東北，急著還二哥時，來不及了，火車已經啟動，她急著，跺著腳目送他遠去。

姐姐說：「二哥疼小妹，全家人都疼這個遲來的妹妹，尤其是父親。」

一九八九年的舊曆年就在濃郁的親情與傷感中度過。年初三，香港街道上又熱鬧了起來，我與寶蓮帶著姐姐，小妹及建康到處走走。來自南京的姐姐禁不住發出讚嘆：「這個地方是比較繁榮！」

香港雖是東方明珠，若沒有這次會親因緣，寶蓮與我來香港旅遊，至少還要推遲幾年。

第三十四章《海鷗詩刊》

若談《海鷗詩刊》，得先正本溯源先談「海鷗詩社」。根據詩人秦嶽在《海鷗詩刊》第三十九期〈折翼的海鷗〉一文中的敘述：一九五五年，時讀花蓮中學的詩人陳錦標在前輩詩人胡楚卿的鼓勵下，成立了「海鷗詩社」，其社員有葉珊，邱平等，作品在《東台日報》上發表。總編輯曾紀棠先生支持他們，並為他們在該報「文藝週刊」版面上開闢「海鷗詩社詩頁」，與《自立晚報》發行之「新詩週刊詩頁」有異曲同工之妙，發行到九十餘期，即突然停止。易名為「海鷗詩頁」，再接再厲，最後，於該報經營權轉讓之時，無以為繼。

一九五七年秦嶽與李春生在軍中遭「政治戰士」小報告的誣害，被送到「台東岩灣管訓隊」管訓。負責管訓他們的長官，一眼看出他們兩人不是什麼「頑劣兵」，而是具獨立思考能力，能編能寫的文藝青年。除要求他們與大家過「規律」生活外，不再實施思想上的監控。

他們二位就像茅坑裡的石頭，又臭又硬，在最惡劣的環境裡奮發不懈，藉生花妙筆，以詩來謳歌人生。

在他們的經心策劃下，成立了「東海詩社」，並借《台東新報》星期日之副刊，先出版「東海詩頁」，後易名出版「詩播種詩頁」。

此兩種「詩頁」，雖然發行的時間很短，卻推動了台東的詩運。

一九六一年九月，秦嶽與李春生退伍，進入花蓮師範之師資培育特別訓練班，在楚卿老師的介紹下，結識了當地寫詩的朋友，共同恢復原來的「海鷗詩頁」。舊社員我能說出名字來的只有陳錦標一位，新社員除了秦、李二人外，王舒與路衛（周廷奎）也來加入，一時人文薈萃，熱鬧非凡。很可惜地，「海鷗詩頁」出至十五期後，因大家畢業的關係，星散各地，出版事宜即又夭折。

一九九一年李春生、林玲、路衛、朱朗、舒蘭、孫宗良等在秦嶽家裡商議「海鷗詩頁」再復刊，議決改成詩刊的形式出版，出版日期訂定為該年的八月一日，並為該期定了一個正式的名稱為《海鷗詩刊復刊第一號》，大家分工合作，未經我的同意，李春生派給了我一個《海鷗詩刊》發行人的職位。

我那時寫詩已經中斷有年，重提寫詩的筆，不無困難。其次，我根本沒有寫詩的天賦，不敢再褻瀆繆司，但是，李春生卻堅持：「多寫就會上路」。老友的堅持，我無言以對，為復刊第一號寫了一篇序及幾首短「詩」奉上，其中的一首〈颱風〉曾經為大陸武漢地區的詩人江天謬獎了一番。自此，詩的火種又在我心裡點燃，《海鷗詩刊》上每期都有我的作品出現。同時，我將我原來的筆名馬丁改成為馬驄，因為我認為馬丁太洋氣了。

詩刊出到七期，第十五屆世界詩人大會假台北市召開，我們自然不願缺席，乃由時任南投中學高中英語教師的朱光熹與我翻譯了些《海鷗詩刊》上發表過的詩，集成薄薄的一本，中英文對照，在該會會場上面世。

春生的夫人林玲為散文好手，也是《海鷗詩刊》的幕後推手，她見到我時，總忘不了誇獎我幾句：「你們這幾位，就是你行，做到了大學教授！」她哪裡知道在眾文友中我的稟賦最差，國文底子最薄，英文也沒學好，成了不折不扣的「半瓶醋」。

很不幸地，她於春秋鼎盛之際，患了惡性腦瘤。在台北榮總等待開刀之際，我去看她，她卻一幅氣定神閑看破生死的模樣，讓我心寬不少。

林玲過世之後，春生自屏東搬來台南與其大兒子李林同住，致使我又與他有多次見面及相處的機會。

詩人多屬浪漫，林玲亡故沒多久春生即與一位河南大學中文系出身的女詩人董曉文締結姻緣。但是，這位才女在台灣住不習慣，隔不了多久時間，就要回大陸，回來的日期又不定，搞的春生神魂顛倒，電話敲個不停，為了轉移他的注意力，我請他出來吃小館，陪他到台南公園裡散步。

一九九七年四月二日，《海鷗詩刊》的最初發起人陳錦標號召詩友及社員到花蓮參加慶祝《海鷗詩刊》四十二週年的會議，我陪他坐自台南至花蓮每星期僅一班的飛機到花蓮，會議中間休息時，見他手持一串佛珠，不停的唸，我就覺得大事不妙。

大約是在一九九七年的五月，我突然接到春生自台南市奇美醫院打來的電話，告訴我他住了院，我急忙趕去，見他兩腿浮腫，腿上起有像小米粒大的紅色斑點。大夫說：「這是腎臟衰竭帶來的症狀，需要做洗腎的處理，他卻堅決反對洗腎，事情卡在這裡，很難辦！」

我曾勸他遵照醫師的指示，他置之不理。

七月二十八日，春生病逝在屏東。

李春生寫詩也寫詩論，他所寫的《現代詩九論》一書，曾獲中國文藝協會詩歌理論項文藝獎章，後來，他又補寫了幾篇論文，重新出版，易名為《詩的傳統與現代》。也就是這本著作，被文化大學中文系文藝組看上，受聘該校兼任講師。

最為朋友稱道的是他自一九七八年起，以十二生肖寫了兩輪小詩，並製成精美的卡片，每逢農曆春節的時候，就寄發給朋友們賀年。他愛詩如狂，平生最大的心願是要把海峽兩岸的天空變成「詩的天空」。

《海鷗詩刊》原由李春生及周廷奎兄主編，李春生謝世後，編輯的任務就落在我的身上。我曾去台南市政府文化局辦理登記，使《海鷗詩刊》正式成為中華民國的出版品之一，也曾為《海鷗詩刊》做過推廣的努力，爭取到數十位贊助訂戶及榮譽贊助訂戶。

因為秦嶽兄在師大念書時曾參加過詩社的緣故，《海鷗詩刊》出到了二十期後，有批大學教授前來參加，先後有古添洪，陳鵬翔。又由於古添洪的關係，余崇生、曾珍珍及陳明台也前來助陣。海鷗的翅膀一時遒勁了起來，能列為台灣的一種詩刊。

古添洪主編時期，除在校對方面尚有待改進外，詩作與詩論已有顯著的提升：前者，他主張寫長詩，以敘述「事」為主；後者，主張從超現實理論中拔「腳」出來。其後，他轉往慈濟大學任教，分身乏術，詩刊的榮景僅流星一閃，瞬即黯淡。

總而言之，秦嶽兄大者張羅出版，小者編輯詩刊，任勞任怨，尤以最後幾年，以洗腎的帶病之身編輯到停刊為止，功勞最大。

《海鷗詩刊》停刊的原因有二：一是原與秦嶽兄簽約之印刷廠，經營不善，致使我們的「血本無歸」（原合約大意是：如印刷廠不能執行印刷任務時，需無條件的將會員會費退還）。二是老的老了，年輕人忙著拼事業，在今日這個一切向錢看的社會裡，誰願意做出錢出力而沒有薪水的工作？我把這一切歸於緣，緣盡了就拆夥，怪誰都不濟事。

檢討起來，《海鷗詩刊》之於我有下列的助益：

一、當學運方興未艾，我無計可施之時，有這麼一個抒發胸懷的園地，構思一首「詩」發表，發表，能紓解壓力。

二、一九九五年十月，我將在《海鷗詩刊》上發表的六十首詩，交由台中《文學街出版社》以自費的方式出版了我的第一本詩集《冬日以望遠鏡賞鳥》，意外地得到許多迴響，其中具分量的評論是：山東大學吳開晉教授所寫的〈現代情思，與古典神韻的交融〉及成功大學劉清泰副教授所寫的〈析馬驄的三首詩〉。

三、我寫了一首〈無題〉的詩，發表在《海鷗詩刊》上，被一九九五年年度詩選主編白靈看上，選入該年度詩選集，並有資深詩人辛鬱評論，這是我寫詩以來獲得的首次肯定。其原詩如下：

一隊兵士在我的腦海裡植了一排防風林
自此，我便失去了放逐至大海的自由
也模糊了整體的概念

像一名落荒的戰士
舉槍
僅為

驚散一樹的鳥

海在島外
天在海外
夕陽沉沒的暮氣中
群鳥鼓譟的正起勁
家鄉二字性屬抽象
何況今日之家鄉已非他日的家鄉
烏鴉的羽翅裡啄梳不出一根鳳凰的羽毛

於是，我是
一幢風雨中的孤樓
一塊泥淖中的石頭
(最恨人的腳)
一抹暗夜中的黑，
一株落盡了葉子的樹

迎風
諦聽
自遠方滾動而來的春潮

回憶我寫詩的生涯，若沒有李春生的鼓勵，我寫詩的志趣會無疾而終，沒有李春生我也不會參加「海鷗詩社」。

李春生過世時，我曾在《台灣新聞報》及《聯合報》的副刊上報導他逝世的消息，也曾接受《文訊雜誌》主編封德屏女士的邀約寫過一篇題名〈詩的天空〉的文章來悼念他。

二〇〇九年十二月，我卜居在加州庫柏蒂諾小鎮時，突然又想起與李春生交往的種種，思緒澎湃不已，幾經折騰寫出了一首〈憶詩友李春生〉的詩來懷念他：

北雁南飛
嗚調不同
一個是拉長了脖子呱濃重的山西腔
一個是拉長了脖子呱半調子的國語
相同點是在澎湖島上度過一段少年戎馬

寫詩的歲月

我們曾共用
強勁的季候風
鍛鍊槍法
摻沙子的糙米
製造鐵胃
紅短褲　草鞋　烈陽
抖擻革命魂
點點海上的漁火
學寫現代詩

我們曾相互砥礪
以野仙人掌做榜樣
在沙漠裡成長
合著嘩啦啦的海

歌生命的歌

《創世紀詩雜誌》將其發表於二〇一〇年三月出刊之第一六二期春季號上。

第三十五章　返鄉祭祖

一九九一年，政府繼續寬鬆外省人赴大陸探親的限制，我們公教人員也被列入可以返鄉祭祖的行列。

記得母親病逝時，我隨靈柩回原籍將母親的遺體下葬在我們馬家的梨園內，僅黃土一抔而已。父親過世後，雖與母親合葬在一起，亦沒有立碑。

返鄉祭祖之前，我有了為父母立碑的心意，於是乎，我請中文系許景重教授寫碑文，寄南京的姐姐馬忠蘭，請她到濟南市選上好的石材，上好的石匠，雕刻碑石。

五月，我收到了姐姐的來信：

忠良弟：

自接到你的來信，我即刻寫信給濟南的小妹，與其商定回家鄉給父母立碑之事。五月十二日，我與你姐夫到濟南小妹家，第二天，按你寄來之碑文去當地之石匠處選定石材：碑高一點二米，寬零點五米，外加碑座一尊。十五日完工後，我與你姐夫，小妹及小妹夫，當天將墓碑運到了大馬家。

回到我們的老家後，得到鄉親父老的協助，迅速的找到了父母的墳地。我們在墳上添了土，順利地把碑豎起，並在墳前進行了祭典，你雖在海外，但我們已將你的心意帶給黃泉下的父母。

我們在大姑姑處住了兩日，於十九日返回濟南，訂定二十五日回南京。

你來大陸時，我們再一起返鄉祭祖。

祝

全家好

姐姐

一九九一年五月二十五日

一九九二年初，我們乃決定作返鄉之旅。我們預定到南京姐姐家過春節，然後偕同他們經濟南再到原籍大馬家莊祭祖，來回預定的時間是三個星期。

聽返鄉祭祖回來的人說，那時大陸上的老百姓雖然衣食無虞，但在衣服的式樣方面仍是土氣，寶蓮挑選了一些半新的衣服，塞滿了兩個大帆布袋，看看這些衣服帶過去，派得上什麼樣的用場？

時值寒假，讀中興大學的女兒馬鴻鈴也欲與我們同行，很想見識一下山東老家的風土人情。與其他返鄉祭祖的人一樣，我上了返鄉祭祖的飛機，即激動的淚流滿面；在香港轉機飛南京時亦然。那些塵封了四十四年前的往事像生了翅膀似的向我撲來，梳理不清，記不得哪一件事情在哪一件事情的前面，哪一件事情在哪一件事情的後面，當飛機飛臨南京上空，我方從冥思中回到了現實。

飛機降落在戒備森嚴的南京軍用機場。

通關時，公安人員見我們除了兩件小行李箱外，拖著兩個大帆布袋，「誤認」我們是販賣舊衣服的個體戶，很跋扈地對我們說：「帆布袋要消毒，先到右邊的窗口繳錢，再到左邊的房間消毒，每件一百元！」

我們遵照命令行事，繳完了錢即拉著兩個袋子到指定的房間去消毒，只見一位老兄持著像滅火器的玩意兒在行李上做了個「噴」的樣子，然後，就說：「好了！好了！」這那裡是消毒，簡直是明目張膽的宰「呆」胞。

出了海關，二位外甥：建寧與建康已等在門口，他們說：「這個機場就是當年國民黨撤退時用的機場，南京市政府正在興建新的國際機場！」

坐上他們單位派來的車子，向六朝古都進發。

沿途上，我看到許多零零落落的農舍，夾在農地與荒地之中，因時值冬季，路兩旁的樹都落盡了葉子，乾枯的樹枝杈向天空，在寒風中蕭瑟，一幅冬日的「枯」景，快接近市區時，看到了明城牆。

寧海路上羅列著一排低矮的平房，其中有一戶是姐姐的家。她的這個「家」可說得上是因陋就簡，廚房設在露天，住房的面積十分狹隘，稱其為「蝸居」，實不為過。在姐姐的家，除第一次見到姐夫外，也第一次見到東北來的弟媳于淑敏及她的第三個女兒馬軍。

我們被安排到衛浴設備齊全的房屋居住，白天到姐姐家聊天吃飯，晚上回到住宿處睡覺，來來回回由大外甥尹建寧陪伴，一來怕我們會迷路，二來怕我們通過馬路時，被「過江之鯽」的腳踏車撞上，但是，千小心萬小心，寶蓮還是被撞倒，幸虧受到的僅是皮膚上的擦傷，骨頭沒被撞斷。

年三十夜，姐姐預備了一桌子的菜，也包了山東水餃。酒過三巡，菜過五味後，我已經有些微醺，看著姐姐的白髮，吃著她親手做的菜飯，強忍著在眼眶裡打轉的淚水說：「這是我離家四十四年後，第一次在祖國大地上吃的年夜飯，過去的都過去了，我們應該為我們的現在舉杯！」姐姐先轉頭掩面，繼而奉上笑臉，於隱現的淚光中說：「的確是的！」

回到住處已午夜，和衣而臥，睡醒參半，耳邊響起此起彼落地爆竹聲，雖然在此地聽到爆竹聲與在台灣聽到的一樣，我怎的感覺到我自己是那麼樣的孤單?!

年初一，小妹即提前返回濟南去作準備。

在南京其餘的那五日裡，由二外甥建康充做地陪帶領我們去遊覽景點：明孝陵，中山陵，夫子廟，秦淮河，玄武湖，長江大橋，閱江樓。姐夫說：「到處逛逛，如有心得，發為文字」。

因我在大學裡教書的緣故，姐夫也帶我去看近在咫尺的國立南京大學，並請了在該校服務過的一位老友前來做臨時導遊。像大陸上的其他著名大學一樣，國立南京大學也是傳教士創立的，其最早的名稱為教會大學匯文書院，在民國十年升格為國立東南大學，後於民國十六年易名為國立中央大學，最後改為國立南京大學，有中國居禮夫人之稱的吳健雄博士是傑出校友中的一位。南京大學的校訓是「誠樸雄偉，勵學敦行」，可見該校注重「內外兼修」、「全人教育」之一般。

年也過了，名勝古蹟也遊覽了，於年初五夜，我們一行八個人：姐姐、姐夫、淑敏、馬軍、建康、寶蓮、鴻鈴與我，浩浩蕩蕩的從南京的下關火車站向濟南進發。因為我們持有「台胞證」的關係，建康為我們買到了三張「軟臥」；姐姐，姐夫等人則坐一般的硬座，曾想與他們輪流來「軟臥」上小睡片刻，但隨車的公安人員說：「不可以！」

過了長江，火車在華中平原上飛馳，舊事如滾滾地浪濤又在我的腦海裡翻騰：

我的父親行事為人非常謹慎，兒時常見他下了班，早早地將大門關上，把自己封閉在屋裡，街上再熱鬧的場景也引不起他的興趣。他從不做交淺言深的事，也鮮見他與街坊鄰居往來，可是，若遇上了故舊來訪，聊天至深夜也不稀罕。

他話很少，對我們的教導總是三言兩語，譬如：「下次改過就好」，「不經一事，不長一智」。唯一的對我的一次訓斥，是我寫毛筆子時，把筆劃寫出格外，他苛責道：「你要嚴守分際！」

一九四〇年初葉，由於戰亂頻仍再加上食指浩繁，在都市裡養一個家談何容易？他不但養活了五口之家，也由積小錢成大錢，不到三年的工夫，在天橋區買下了一座四合院，若沒有過人的智慧，何以致此？

母親天性孝順，其孝行傳遍鄉里。姥爺的病情惡化時，排便困難，她竟用手指頭，把卡在他肛門口的硬糞便用手指一點點的摳出。

母親雖係女流，做事卻能臨危不亂。有一次，我與母親走在去張家廟口的途中，抬頭看見斜著機翼的日本軍機三架低空掠過，母親拉著我趕緊就地趴下，我驚慌失措，戰慄不已，她卻說：「不怕！不怕！這些飛機不會下蛋！」

母親行事果斷，很少見她拖泥帶水。某次，我們全家人正在逃難，忠信弟不知為了什麼哭鬧個不休，愈哄他，他愈驕縱。在盛怒之下，母親竟把他棄置在路旁，任他哭天搶地，並斬釘截鐵的說：「不能為了你一個，害了全家的命！」我們已走過半華里之遙，姜貴田叔折返，將他拉回。

全程皆在搜索枯腸回憶往事中度過。天濛濛亮時，我們已安抵濟南。

腳一踏上月台，有幾個小夥子拖著我們的行李就跑，我最初認為是遇到了「山東的響馬」，剎那間，意會到他們是「紅帽子」來賺為旅客提行李的錢。我以小跑步緊跟在他們後面，並摩肩擦踵的擠出了濟南火車站，一抬頭，小妹與小妹夫就在跟前。

隨著返鄉祭祖人潮的洶湧，這種「行業」索價的價碼也水漲船高。最初每提一件行李的價碼是十元，繼為二十元，再後為三十元，最後竟為五十元，連續跳四級，遇到大件行李還要額外加錢，我們共有行李三件，他們竟漫天喊價要到二百元！討價還價的結果，以一百六十元成交。

坐上計程車，悠悠忽忽；心想，四十四年沒見的故居，定會斷壁殘垣，大門斑駁，一片「廢墟」。但是，當我抵達家門，映進眼簾的故居是紅磚青瓦，挺拔十足，這一切皆歸功於小妹及小妹夫的照顧。

光明街上的「風景」依舊，人事卻全非，不僅兒時的玩伴劉培基，韋興安不見了蹤跡，與我一起上濟南市立中學的左少瑚兄也不知去向。整條光明街上，認識我的僅有住在街東端的畢大哥及畢大嫂而已。畢大哥原屬國軍某部，任尉級軍官，一九四九年自大陸撤退時，他已到了廈門，因放不下新婚燕爾的嬌妻返回濟南。

我拜訪了父親的老師張懷林的兒子張鶴德，名義上我叫他小叔，實際上他與我同庚。解放後，他曾任濟南市的書記，位高職尊，曾對我們家有些照顧。我登門去見他時，他二話不說，大筆一揮寫了兩個斗大的毛筆字「秋月」給我，其中之「秋」字，他是用左邊「禾」，右邊「龜」之古體字「龝」寫的，有二十一劃之多，頗有趣。

忠蘭姐對我常提到他，誇讚他每到舊曆年皆不忘打一通電話到南京致意，這在人心不古，世態炎涼，人情澆薄之今日，一個打電話的小小動作，就能看得出這人的本性。

我重遊了孩提時期常去的景點：大明湖、趵突泉、黑虎泉、歷下亭、鐵公祠、北極廟及詩人李清照紀念館，也去了我曾讀過的小學，查問昔日的師長及同學，他們說由於年代久遠，對我提到的那些人的姓名聽都沒有聽過。

莊生弟的單位派了一部車供我們使用，我們於第五日上向大馬家莊進發。

經過黃河時，因時值冬季枯水期，看不到潮汛季濁浪滾滾的景象，看到的是一股黃黃地細流，嵌在寬大的河床中央，結了冰，在太陽底下反射。

沿路上所見到的皆是似曾相識又陌生的場景。

一進入縣境，車子先在寬大的柏油路上奔馳，後在土路上顛簸，兩旁除田地外，立著兩層樓高度的鑽油機器，故鄉的土地裡竟有「黑金」的蘊藏，實出乎意料之外，這個油田被命名為勝利油田。

一切按照忠蘭姐的安排行事，在後李家大姑姑處過夜，也在那裡先向眾親友通報：「浪子已經回家！」繼於翌日上午，赴張家廟口，拜晤舅舅杜長德，最後定中午十一時左右在大馬家莊祭祖。

大姑姑已中風七年，癱瘓在床也有一年之多，我俯下身去問候她老人家並塞給她一個紅包時，她的嘴唇哆嗦著對我說：「可見到親人了！」語畢，再也沒說一句話，只用遲滯地眼睛凝視著我。

姑丈依然似當年那樣的清癯，只是老了，但是，他的記憶力尚佳，當我提起我十幾歲時，騎著驢經過他種的瓜田，他請我吃黃釀無籽西瓜的往事，他搖著頭嘆息著說：「那是幾十年前的往事，虧你還記得住！如今老了，也不能下田了。」

一九四九年大動亂後，從江南流徙到東北的叔叔由二個兒子陪著，不怕數度轉車的辛苦，千里迢迢前來參與祭典，十分難得，在大姑姑家與叔叔見面時，雙手緊握，話龍游分別後的種種，何止唏噓！大有隔世之感！

第二天在張家廟口吃早餐，不但見到了舅舅也見到了我母親三姊妹當中碩果僅存的三姨媽。舅舅常年咳嗽，已到了風燭殘年的地步；三姨媽身體尚稱硬朗，只是滿臉的皺紋老態畢現。三姨媽意會到我的「神情」意有所指的對我說：「自在你母親的喪禮上見過你面後，就再也沒見到過你，全都變了，如果在路上碰到你，說什麼也不敢與你相認！」

十時半左右，「大隊人馬」齊來到大馬家莊。

四十餘年前，從前街到後街我們家的那些房屋全被夷為平地，代之而起的是一片空蕩蕩的廣場。我佇立在廣場上發愣，一陣風吹起了黃土，迷了我的眼睛，淚眼模糊中，突覺此行的

「目的」。

我們在忠榮堂弟家，稍事休息後就去了墓地。

看到了父母親的墳墓及立起來的碑，我再也抑制不住我那激動的情緒，抽泣起來，我告訴我自己：「哭，盡情的哭！」同時，默禱給父母親聽：「不孝的兒子前來向父母磕頭！」

忠榮拉著我也到祖父母，二爺爺家及三爺爺家的墳墓上致祭。

祭典完畢後，再回到忠榮家，他為我一一介紹前來參與的鄉親，其中包括從夏家道口來的我小姑姑留下的唯一女兒。

在忠榮的建議下，我留下一筆人民幣，請其代為擺宴答謝這些前來參與的鄉親。

當日下午，我們折回濟南市。

第三十六章　北京之行

我們返回濟南之後，第二日一大早就與眾親友告別，踏上了北京觀光之旅。隨著火車有節奏的聲響，鴻鈴、寶蓮及我坐在火車內欣賞窗外冬日的風光，頓覺身心舒暢。

儘管我離開大陸四十四年，冀魯豫三個地區的語言，我大都能了解，而且，陵縣幾乎與河北壓境，家鄉人講的話即是河北話，只是缺北京話的捲舌音而已，語言上沒有障礙，遊覽北京的「自由行」應該沒有問題。

火車到了北京，我們即由計程車載我們去一家旅館，行李安頓妥當後，即急著去遊覽。那時對台灣的散客而言，到各處遊覽的最簡便的方法是「包車」（包一部計程車的意思）。原則上包的天數愈多，愈划算，包鐘點的當然最貴。

第一個想去的景點當然是長城，旅館的客服人員建議：「八達嶺這個區段風景優美，氣象萬千，而且維修的最好，具長城的代表性」。於是乎，琢磨著，用兩個小時攀長城的精華區，看一看牆的縱深，厚度，站在制高點上欣賞其蜿蜒而來的雄姿，於願已足。

在天安門廣場，我們以兩百元人民幣包下了一部車，並事先言明長城遊畢後，再遊頤和園，最後載我們回旅館。

上了車後，我立即覺察到這位「師傅」是「行」中高手，因為他專門挑好聽的話來飽我們的耳福：「香港，澳門及台灣來的都是同胞，為什麼門票差異如此之大，國人收一塊，你們卻收五元！」

車抵達八達嶺下停住，剛下車，立即被冷氣團罩住，身上穿的冬衣自覺尚能應付，但戴在頭上的帽子卻不夠暖，於是乎，趕緊鑽進附近的商店，購買皮製的帽子替換。

那天，長城上空，灰雲四合，朔風野大，氣溫驟然下降至零下五，六度，我們坐在雉堞上拍了幾張照片，就得趕緊往高處攀登，腳步不能停，一停下就覺得混身上下在顫抖，牙齒扣擊不止。

在「瞭望樓」裡，一面用雙手合起來磨擦，一面用雙腳不停的跺地，遙想曩昔的戍守戰士在這個空間裡放哨的情景，甭說出關去打仗，僅在這樣酷寒的天氣裡做放哨的工作，也會被凍斃。他們是怎樣禦寒的呢？穿著「鐵衣」在這裡面做什麼呢？來回踱步嗎？抑或擁著槍，靠在牆壁上做白日夢？

鼻子已經紅了，再不下來就有失溫的危險，原擬定兩小時的遊覽，縮短為一小時，草草了事。在字畫店內選購了一幅長城及兩幅梅花的水墨畫後即登車離去。

抵達頤和園時已是下午三時左右，我們都覺得餓了，於是信步走進附近的一家餃子館。令我們覺得新鮮的事是賣餃子不論個數，而是論斤兩。那時我對大陸上的斤兩制毫無概念，不知道一兩餃子究有幾個？即隨意點了四兩，誰知四兩餃子填不飽三個人的肚皮，想再追加時，餃子館裡已「人滿為患」，為留多一點時間逛頤和園，不能等，一等就沒有了遊覽時間。

在我們進入頤和園之前，看見一位滿臉于思的蒙古人，牽著一隻高大的駱駝，站在那裡，供人騎上去拍照，他向女兒剛一示意，她連招呼也沒向我們打一個，逕自踩著凳子上去，留下了一張很不錯的照片。

頤和園原是所供皇室休養生息的園林，景點甚多，每一個景點都走到，勢不可能，我們在昆明湖畔走走，並做重點式的遊覽，看得稍詳細的僅仁壽殿、玉瀾堂二處。當年老佛爺重視的修身養性固然重要，但挪用建造海軍的經費來修葺私人的園林，不但不足取法，也不識時務，招朝野非議，是自然的事。

翌日，我們遊覽了紫禁城，參觀了外朝之太和殿、中和殿、保和殿；內朝之乾清宮、交泰殿、坤寧宮。有時，我們也跟在各地來的旅遊團的後面，聽學有專精的地陪講解各宮殿的歷史淵源。

一九九二年，大陸開放不久，一切尚在摸索的階段：一方面忙於致富，一方面腳步又跟不上時代的脈動。顯而易見的是服務態度：凡是個體戶經營的買賣，掌櫃的或小夥計皆笑容可掬，招呼客人熱情夠味；凡公家經營的事業，工作人員呈現一副晚娘臉，守在櫃檯後面，低著頭打毛線衣，向前去搭訕時，僅應付幾句了事，國營事業嗎！積極的去幹活是這麼多薪水，消極也少不了我老娘一毛錢！

全聚德的烤鴨聞名遐邇，很想去品味一番。

好不容易擠進一班公車，還沒有站穩，就覺得氣氛森然。舉目見到的是穿青一色「毛裝」的同胞，眼色冷峻，態度傲慢，對於穿不同顏色衣服的我們視如無物。他們高傲，我們不能無禮，因為我們還得向他們打探，在哪個公車站下車去全聚德最方便。我鼓起勇氣，露出大牙兩顆，向站在我右邊的一位仁兄笑問：

「我們要去全聚德烤鴨店，請問在哪一站下車離它最近？」

他看了看我，好像沒有聽懂我的話似的，兀自站在那裡，身體隨著車子搖晃。

我以同樣的話語向左邊的一位老兄問，所得到的答覆與前者一般。此時，全車人的眼睛都盯著我們，沒有任何人說話，連咳嗽聲也沒聽見，空氣似凝結在那裡，轉過頭來我對寶蓮及女兒說：「我們在下一站下車！」

我們繳了車資擠下了公車，緊跟著我們下車的有好幾位，其中有位此時對我們開口：

「你們下車，早了一站，全聚德在下一站！」

他好像從我們的「遭遇」上得到了補償，我對這遲來的答覆無言以對！

在全聚德店裡的吃喝完全能彌補途中遭遇之不快；三個人吃了半隻鴨子，臨走時還打包了半隻。

第三天上午，我們即乘港龍的航班飛香港。在飛機上遇到了件趣事，至今每想起它來，即有笑意。

坐在我前一排的是位老美（聽口音判斷的），看起來斯斯文文，卻是位酒鬼，他不停的向空中小姐要酒喝，一杯喝完了，就向她說：「One more please!」，她就為他續杯（refill），就這樣，他一路喝到香港。當機長已經廣播飛機即將降落時，他還向她說：「One more please!」，這位空中小姐翻了翻白眼珠子對他說：「Not any more!」並把他的椅背豎直及把面前的小桌子歸回原位。

我們在香港停留了三天，對寶蓮與我來說，香港是舊地重遊；對女兒來說，卻是第一次。

▲女兒馬鴻鈴騎駝上的英姿。

第三十七章　代理教育研究所所長

一九九五年暑假，我的學務長任期屆滿，長達六年的學生事務工作，終於從肩膀上卸下，回到外文系，重新開始專職的教學與研究工作。

一九九六年的八月底，我在系裡只過了一年又一個月的投閑置散的生活，時任教務長的李建二教授即前來，徵詢我代理剛獲准成立的「教育研究所」所長的意願。他表示原從高雄師範大學聘來的一位林姓教授，突然改變了主意，把已經接了的聘書退了回來，現開學在即，欲徵聘新的所長，已經來不及了，所以請我代理。

老實講，我在學校已擔任了十一年的行政工作，該奉獻的已經奉獻了，又時年已六十有三，體力大不如前，況且，我還剩下二年的時間將屆退休的年齡，為今之計，多一事不如少一事，求個「全身」而退，方為上上之策。

掉過頭來想，學校在這件事上遇到了瓶頸，認為我獲有教育學位，又認為我是適當的代理人選，方來找我，若我堅持己見，是不是有不顧「大局」，並有端架子之嫌？

可是，我自擔任行政工作以來，所做的「學官」大都在外文系、文學院及學校，如今，跨學院去掌教研所，外文系及文學院裡的同仁如何看我：「馬某人當學官上癮了吧？油水竟撈到教研所去了？是不是有點過分？」

這些問題立即在我腦海內呈現，我無法當機立斷，然事緩則圓，於是乎，我請李教務長多給些時間，把事情沉澱沉澱，俾能做萬全的處理。

經過了諮詢校內資深教授的過程（包括馬校長），所得到的皆是正面的迴響，我方同意代理，並言明僅執行所內的行政工作，不在所內開課。

上任後，遭遇到的第一個困難是在偌大的校園內為教研所找一個「安身立命」的空間。成大雖有一百八十多公頃的土地面積，但各單位均採取本位主義，寧願把多餘的空間擱置不用，也不願出借給別的單位，怕「有借無還」。

幾經折騰，我們終在成功校區之「機電化館」裡找到了兩間教室：一間隔成所辦公室及所長辦公室；另間隔成兩個研討室供學生上課。

當我們把「教育研究所」的金字招牌掛起來時，大家的嘴巴都笑歪了。所謂「大家」也者僅饒夢霞副教授，楊惠琴副教授，職員李慧珍小姐，工友董永順及我本人而已。

面臨的第二個困難是「教育學程」的問題，在我尚未接代理所長之前，就風聞教研所要兼辦「教育學程」業務，我一上任，教務處課務組顏伯良先生（我教過的學生）就把一大落公文，「國立成功大學中等學校教育學程計劃書」（他是規劃人之一），《師資培育法》交到我的手中，並說這些資料已「堆積如山」，而且會繼續紛飛而來，不但窮於對付，搞得他夜晚也無法睡眠。他喜形於色的說：「現在可好了！」弦外之音是終於找到了替死鬼！

我不了解「教育學程」的細節，唯一知道的是台灣到了一九九〇年代中葉，在師資培育方面有了劃時代的改變，那就是打破師範大學及師範學院培育中小學師資的專權，把培育師資的重責大任開放給全國辦學卓著的一般大學院校。

一個教研所的工作就夠忙了，再加一個「教育學程」的業務，能不忙亂？更令人厭惡的是「教育學程」方開始辦就得預備教育部的評鑑。因此，在一九九六年，一方面規劃在校內如何甄選「教育學程」的學生及為他們如何開課；另方面則盤算著如何應付教育部的評鑑。

那年，教研所招進來了十二位學生，緊跟著也為教育學程甄選了兩班（一百名）學生。

在有限的人力及有限的空間下，循二線開展：教研所與教育學程。有的時候，不得不用「且戰且走」的策略，那就是以現有的師資為主，教師有什麼專長，就先開其專長的課，當務之急就是先讓學生有課可上。

教研所以現有之師資——饒夢霞與楊惠琴，開出研究所一年級心理輔導及教學與課程方面的課，其餘的基本課程則延聘兼任教師開授之。幸虧，我們徵聘教師的作業迅速，具教育統計專長的陸偉明副教授，通過了我們所訂定的「教師遴選要點」加入了我們的師資陣容。

有了教研所開課的經驗，教育學程的開課事宜亦就能得心應手。排課對付過去後，立即寫：「成功大學中等教育學程評鑑報告書」。雖然來成大的評鑑日期排在學年度的第二學期，但若不「未雨綢繆」，屆時，恐有閃失。那些日子，我天天坐在辦公室內，搜索枯腸及絞盡腦汁，寫報告書。

我負責書寫的部份是目標及特色；課程規劃部份：教育基礎課程、專業課程、教育實習課程則委請三位專任教師擔任，合眾共濟的結果是不到兩個月的功夫，厚厚的一冊為應付評鑑的報告書出爐。正喜孜孜地暗地裡慶幸自己的能力不差，突察覺到這份報告書的不完全，那就是供學生實習的中等學校名單及教育方面的圖書清冊付之闕如。

尋找實習學校不是一蹴可幾的事，列可能性高的國，高中及高職學校之名單簡單，但一家挨一家的去拜訪就不是那麼容易。單就與校長約定時間這一項就不勝其煩，有時，時間已經安排好了，因校長臨時公出，不得不另定時間。因為這是「有求於人」的事，禮貌要周到，身段要軟。

做成大教育學程學生的實習學校既不需支付任何報酬，又能得到輔助教學，批改作業，輔導學生課業及領實驗等服務，天底下到哪兒找這樣的好事？因此，我不需要費太多的唇舌，所接洽的學校，都願意與成大簽教育實習的合約。

若與「明星高中」簽約，技術上有些困難，譬如：南一中及省南女。他們會審選實習學生，並表明只接受數學、物理、化學、生物、電機及機械系的學生。

馬不停蹄的奔走，最後我們幾乎網羅了台南及其鄰近地區所有的國，高中及高職學校。

如眾所週知，成大以工學院起家，館藏工科方面的書籍是汗牛充棟；教研所剛剛成立，即使快馬加鞭的去採購教育書籍，緩不及濟，只好把那些與教育沾得上邊的如：工業教育，商業教育，醫學教育及通識教育的書籍列入，「灌水」灌的愈多愈像那麼一回事。

經過一番又一番的補充，「國立成功大學中等學校教育學程評鑑報告書」出落得「不凡」。望著這麼厚厚地一冊，我在「求勝心切」的情況下，在自我評量部份的空格內打了個九十五分。

在這裡除了感謝陸偉明、饒夢霞、楊惠珍三位副教授的協助外，特別感謝的是李慧珍小姐。她做事不緊不慢，井然有序，尤其她的耐性驚人，為了趕進度，有時候我寫一頁，她即打一頁，寫錯了的字或漏掉了的文句，從不厭其煩地改過。

此期間曾發生過所外的一件事。

有一天下午，化工系周澤川教授在成功校區碰到了我，表示他們系內有位美籍「講座教授」，任期即滿，就要返回美國，很想送一個銅質的紀念牌給他以示謝意，問我一個問題：「馬所長〈春風化雨〉的英譯是什麼？」我雖是外文系出身，又教了多年的英文，竟一時愣住。回到所內，幾經揣摩，我把它譯成：「Under you, everyone is educable」，既沒有「風」字也沒有

「雨」字，攙雜在這句英文當中，「信」、「達」及「雅」都談不上，只是「有些」傳神。又聯想起，若把這句英文翻譯回去，謂：「有教無類」是不是也恰當？

春季開學後不久，前教育部次長施金池領導的「評鑑隊伍」來校評鑑，我也是評鑑委員之一，為了避免「球員兼裁判」，我請饒夢霞副教授擔任簡報員。

除了教研所的三位專任教師出席外，也請了一位學生實習指導老師毛齊武（電機系教授）出席，說明他發明之「數學方塊」如何在數學實習課堂上的用途。

我帶著十幾位來自全國的評鑑委員參觀我們的「教育學程中心」，教學設施，圖書館等。他們都表示：在這麼短的時間內，有這麼大的成果，不可思議，唯一遺憾的是「教育學程中心」與「教育研究所」共用一間辦公室，認為非常不恰當，列為缺點，並向學校建議「教育學程中心」應該有單獨的空間。

評鑑的結果符合預期，成大教育學程列為優等，除將此評鑑結果公諸報端外，也得到了時任校長翁政義之嘉勉。

我完成了階段性的任務，時間也到了我退休之際，於吃過一餐惜別宴後，悄然隱退。

第三十八章　退休生活

一九九八年元月三十一日我退休了。翌日早晨，我即驅車去成功大學，後甲國中，健康路之體育場，看一看有沒有適合我的運動項目。

在體育場，我看到一位教太極拳的「師父」，正在一招一式的示範楊式太極拳（四十式）。他氣宇軒昂，身手不凡。一問之下，方知這位「師父」名叫梁賢雲，來自北京的武術學院。

自此，我迷上了太極，並從鄭曼青的三十七式太極拳學起，一路學二十四式，四十二式，四十八式，五步拳，連環拳。在劍術的方面，學了三十二式，四十二式，四十九式，形意劍，武當太極劍，雲龍劍，盤龍劍。在刀方面，學了三十三式太極刀，初級刀，陳式太極刀，梅花刀，小李飛刀。在扇子方面，學了太極蓮花扇，楊式太極扇，陳式太極扇，功夫扇（一、二），雙扇，木蘭扇。在棍子的方面，學了龍虎棍及齊眉棍。在長槍方面，學了一套楊家槍。只要是有教的武術套路，就一律學之。

我每日大約在五時半起床，稍事梳洗，即赴體育場打拳。我們的「教練」要求大家把一招一式要做到「位」，但我認為像我這樣有把年紀的人，起個一大早前來打拳已經不易，哪能如峨嵋山上的道長修「正果」的那般。因此，常暗自提醒自己，能做多少，就做多少，能做多好，就多好，千萬不能踰越，一踰越身體上就會得到傷害。因為有此顧慮，打出來的架式不夠標準而常自感慚愧，同時，有感而發的結果是一首〈練劍〉的「詩」應時而來，我用它來鼓舞我自己：「晨曦中練劍／葉子也沒掃落一片／霧瀰漫了視野／氣在胳臂上短路／眼不隨劍轉／意不隨步轉／過了河的卒子／招招荒腔走板／腹內的火已燃燒成了灰燼／但　堅持比劃下去／點點星火會在劍上逸出／奔向另一個春天。」

體育場太極拳場地是個藏龍臥虎的地方，不僅有會彈吉他的劉銘老師，也有嫻熟氣功的劉祚昌老師。他們二位均已達耄耋之年，身體健康，精神矍鑠。前者曾教過我三十七式太極拳：後者傳授過給我「日月氣功」的秘笈。

為了不荒廢我多年在學校裡得到的「那點東西」，我仍在外文系做兼任教授，每週教四小時的課。除此，則寫「現代詩」自娛。

誰知，我這自由自在地退休生活只過了兩年一個月後，又「橫生枝節」。

第三十九章　創設立德管理學院應用英語系

二〇〇〇年元月左右，我在成大光復校區裡遇到了前外文系系主任陳仁德，經過一番寒暄後，他好像有話要說，卻欲言又止，最後，還是直說了出來：「馬學務長，有一所名喚立德管理學院的私立學校即將成立，缺少應用英語系主任，不曉得你願不願去出任？」

我常聽人說，成大某教授屆退後，被某私立大學聘為校長，某教授屆退後，被某私立大學聘他為系主任。坦白說，對這類「開闢第二春的傳聞」我是持樂觀其成的態度。想想看，一位六十五歲退休的教授念了多少書？做了多少研究？人生閱歷到了怎樣的火候？不言而喻。如果說，他思想新，身體健康，有學生選他的課，為什麼要逼著他限齡退休呢？人力資源的浪費，莫此為甚！若說擋住了後生晚輩的路，以個人淺見，這完全是不成熟的看法，我若是後生晚輩，又是塊「材料」，誰又能擋得住我的路？

對這突如其來的「差事」又在我心裡起了漣漪。

從正面的角度看，我在公立大學累積了十幾年的行政經驗，以這些經驗來開辦一個系應是綽綽有餘，而且，萬事皆是開頭難，一旦踢開頭三腳，一切就好辦了。同時，我也想到，有人來請我，是瞧得起我，若我的資格不夠，處心積慮的去強求，也是枉然。

從反面的角度思考，我年已六十有七，看起來身體尚硬朗，但究有了把年紀，萬一受不了壓力，到了寢食難安的地步，怎辦？況且，在公立學校「鬆散」慣了，一旦在私立學校遭遇到仰人鼻息，「紆尊降貴」的場合，如何自處？想到這一層上，就猶豫起來了，於是乎，抓起電話電謝陳前主任推荐之美意。詎料，電話那端傳來的是：我所顧慮的事是自己的「杜撰」！因為立德管理學院董事會已決定：校長是由成大前都市計劃系施主任鴻志出任。

施教授精明幹練，行事果斷，在翁政義校長任內擔任過總務長的職務，曾不顧全校教職員工的反對，將成大校內之停車費提高到兩千元。他任都計系主任時，也正是我掌外文系之時，曾一同出席過無數的會議，至交算不上，「有些交情」說得上。看在這層關係上，我乃答應去立德管理學院一試。

正式與施校長接觸時，方知道他要我接學生事務處。

立德管理學院的硬體部份正在安南區興建，四周是甘蔗田一片（租用台糖土地），除了打樁的「咚！咚！」聲及滿天的灰塵外，什麼都沒有，連召開籌備會的場地得借用成大都計系的會議室。

會議裡，除內定的總務長詹達穎博士是生面孔外，餘皆是成大的老朋友。曾任夏漢民校長之主任秘書的李茂雄教授，內定為教務長；曾任夜間部教務組組主任的劉清泰副教授，內定為應用英語系系主任；曾任歷史系主任的黃耀能教授，內定為日語系系主任。大家聚在一起，你一言我一語的討論招生可能遇到的問題，其中如何為立德管理學院打響名號及招足教育部審定之學生名額最為關鍵。

改委任為學務長的我，「麾下」既無兵也無將，純係「光桿司令」一員，急如星火的第一件大事即是設法將遠道來就讀立德管理學院的學生順利的住進宿舍。

王榮昌董事長不知從那裡聽到「勞動教育」（Community Service）這個詞彙，指派我赴實施有成的朝陽科技大學「取經」。他說立德管理學院是一所嶄新的學校，一開學就要實施勞動教育，要學生養成刻苦耐勞的習慣。

勞動教育者，打掃學校環境者也，訂定為零學分，但列為必修課，修習年限為一年，不及格者，不能畢業。說穿了，這是董事長經營學校，在人事上的成本計算。

學務處各組室的人事大致底定，各組室也將開始作業。恰在這個節骨眼上，原任命之應用英語系主任劉清泰突被調往教務處，負責各項招生事宜，施校長要我多兼一職，為應用英語系也「略盡棉薄」。

立德管理學院處在「篳路藍縷」的階段，人力上要「以一當十，以十當百」，方能克奏其功，這一點我當然瞭然於胸，因此，二話不說就接下了這個「臨危受命」的任務，只是開學在即，時間上有些遲延。

第一件令我困惑的是應用英語系的英譯，把它譯成（Department of Applied English），僅能合於翻譯圭臬之「信」，既沒有「達」也算不上「雅」。更糟糕的是你遍查美國大學的導覽，有英文系（Department of English）或第二外國語教學計劃（Teaching English as a Second Language Program），卻鮮有如（Department of Applied English）之出現。可是，如果把應用英語系譯成英文系（Department of English）又如何能分別出二者的差別？幾經斟酌我還是把它譯成了（Department of Applied English）。後來，我在澳洲大學的導覽內看到了應用物理系（Department of Applied Physics）的用法，方落實了應用英語系的英譯（Department of Applied English）。其實英文就是英文，哪有實用與不實用之分？權宜之計罷了。

應用英語系的第二個困難是師資問題，一般的師資好辦，如果徵聘不到合適的專任教師就來徵聘兼任，但如臨時徵聘外籍教師就難上加難。再說，應用英語系裡一位外籍教師也沒有，在觀感上說，不像是個應用英語系。於是乎，我「上窮碧落下黃泉」的到處尋找，冀望能在最短時間內，至少找到一位外籍教師（具碩士學位者）來助陣。如果找不到專任的外籍教師，能找到兼任的也可以。總之第一學期得先對付過去，以後再從長計議。

離開學僅一星期了，我所要的外籍教師還未有著落，正在「困坐愁城」之際，我靈機一動，何不到成大語言中心那些來學中文的外國人士裡去試試看？探聽的結果是英國，美國及加拿大來南台灣學中文的人士獲有學士學位者居多，獲頒碩士學位者卻鳳毛麟角。

正在踏破「鐵鞋」無處尋之際，我在成功湖畔碰到了在語言中心服務的陳淑玲小姐，她說：「有位在成大語言中心結業的外籍生，名叫戴明恩（Damien Trezise），是澳洲蒙那許大學（Monash University）出身，不但獲有碩士學位，且主修中文；人品端正，平易近人，我為他打保票。不過，他人正在高雄教兒童英語，我可代你一試。」我告訴她，如果答案是肯定的話，請她代我安排會面的時間及地點。

來自澳洲的戴明恩，全身上下散發著英國紳士（gentleman）的味道。你一眼看上去他既具中年人之成熟而又具青年人的活力，最可貴的是他那能投射出來誠意的眼神，帶笑意的嘴巴，令人在他面前感到自然與愉悅。他表示他很高興有到立德管理學院教書的機會，只是他在高雄那邊簽有合約，要來立德需到十月。我告訴他：「沒問題，你的課先空起來，到校時，找時間補足即可。」

應英系之原呈報教育部的計劃書內是招收兩班，不知為了什麼，核下來的竟是只准一班，我於收到教育部之公文後，竭盡所能的去申訴，除解釋我們的「需求」外，再「咬文嚼字」了一番。第二學年，終於如願。

我擔任了兩個行政職務，在學務長室（四樓）與應英系系主任室（六樓）上下穿梭，辛苦雖是辛苦，但目睹一所嶄新的學校成立，成長，能不喜悅？並曾在許多會議中建議校方全面提升學生之英語聽說能力，蔚為立德管理學院的特色：

一、在學生宿舍各樓層設一位英語輔導老師，由來成大學中文的外籍人士擔任，供其住宿，膳食費全免，與學生生活在一起，相互學習彼此之語言。

二、除正式的英聽課外，在應英系內組英語會話俱樂部，由外籍老師主持，不僅能提供學生與老師面對面交談機會，增加聽講能力，也能去除學生講英語的恐懼心及羞澀感。

三、應英系之畢業班學生得舉行英語話劇公演，藉以展示學生四年來在校所學之成果，也可藉此展現立德學生課外活動之一面。

四、發行立德學生英文報，由學生自行組成編輯委員會，統籌採訪，編輯，校對，印刷，發行等事宜。學生記者交進來的稿件，請外籍教師改正。

這些建議僅落實了第二、三項而已。其餘的，都胎死腹中。

值校務蒸蒸日上，喊出立德管理學院是「小成大」之時，我突然感覺身心俱疲——白日恍惚，夜不能入睡。於是乎，趕緊去成大醫院看診。醫生說：「這是壓力所導致的結果！」並暗示我應該辭去一切行政職務。我尊重醫師的專業判斷，立即照辦，同時下定決心，若沒能獲准，即使離開立德，也在所不惜。

王董事長及施校長體恤我的處境，准我辭去一切的行政兼職。

我自己費了好長的一段調養時間，才把「心」安住。自那以後，教學與研究成了我的主要任務。

第四十章　追星

大約在二〇〇七年的四月，我在外文系的走廊內遇見了時任系主任的劉開鈴，她告訴我將在不久的未來舉辦外文系創系五十週年紀念活動，希望我能寫一首「現代詩」在會上朗誦做開場白的一環。因為我知道這種「歌功頌德」的應酬之作最難為，不敢冒然承諾，僅答應她：「容我一試！」並告訴她能否如期交卷無法預料。

詩需要靈感，沒有「電光石火」的閃擊，強擠出來的東西定是庸俗之作。

自接受拜託那一刻起，我即在成功湖畔「推磨」——在腦海裡翻騰著這首詩如何寫。詩無論長短，要言之有物；不宜艱澀，因為它用來朗誦；也不能太白，太白了就失去了「韻味」。不能盡數落外文系的長處，好話說的多了，流於「阿諛」，也不能盡敘述外文系的短處，因為那樣，對外文系缺乏了鼓勵。

「這，這，這，如何是好？」

我頂著大太陽在那裡轉圈子，突然悠揚的鐘聲響起，又看到一個學生一個箭步躍上修齊大樓的台階，趕去上課，我好像有了把外文系擬人化的思維，於是一首題名〈追星〉的短詩，於焉形成：

上下課的鐘聲
把我敲上了第五十個台階
舉目
無數的台階正迤邐向上
什麼是背後的風雨
箭鏃的傷痕
早就練就了圓桌武士的筋骨
愈被敲擊愈鏗鏘
不理會成功湖畔的睡柳

第四十一章 「研究方法」

二〇〇三年，立德管理學院之英語研究所獲准成立。所分二組：英語教學組及英美文學組。因「研究方法」這門課是英語研究所的基礎課程，在師資方面斟酌來琢磨去，最後，系上決定要我擔任文學組之「文學研究方法」這門課。

以我淺見，所謂「文學研究方法」也者，也就是教碩士班的學生如何寫論文者也，除了技術層面外，會涉及到文學批評，從文學批評入門應該不會錯。

在汗牛充棟的文學批評書內，我選了二本適合立德英語研究所學生程度的書：一為麥可・侯司頓（Michael E. Holstain）教授所寫之《文學批評初探》（Beginning Literature Criticism）及瓦福萊・格倫（Wilfred L. Guerin）等人所寫之《文學批評手冊》（A Handbook of Critical Approaches to Literature）。

《文學批評初探》不是本磚頭型的著作，全書僅一一三頁，但卻是一本好書，上自文學批評的內涵，各種文類閱讀（戲劇、小說、詩）方法，中至尋找論文題目，組織章節，最後列參考文獻至論文之完成，一路寫來暢快淋漓。尤其告誡初學寫文學論文的學生，論文貴在創見，需從鑽研作品本身下手，不可從已有之批評入門，若順序顛倒，僅能拾人牙慧。因此，書內強調原創論文題目的重要。如果題目找對了，論文寫來會得心順手。

這本書文字部份深入淺出，有些英語及文學造詣的人，一讀即可領悟。所舉如何寫論文的實例甚為具體，只要以所舉的實例為圭臬，按部就班的去練習，就能進入寫論文之堂奧。

論文如何加腳註，參考文獻如何排列，皆舉淺顯的例子示範，多看幾遍，一定會領悟。本書也提醒讀者，念文學批評以精讀為要，要熟諳寫論文的常用字彙，術語；做到這一步，必會收「事半功倍」之效。另外，起承轉合的介係詞，連接詞或者副詞，也是關鍵，一篇論文的流暢（smoothness）端看它們。總而言之，這本小書簡介了寫論文的訣竅。

《文學批評方法手冊》自一九六〇年面世以來，即廣受學術界的重視，到二〇〇五年，修訂版已出至第五版，並已有中文，日文，韓文，西班牙文及葡萄牙文之翻譯本出現。

全書共四百餘頁，為五位學者專家之集體創作。其特點是：

一、將文學理論（研究方法）概分為文本，歷史，哲學，形式，心理，神話，文化，女性主義，意義多面性。

二、除意義多面性一類外，每一類文學批評理論，皆用《哈姆雷特》（Hamlet），〈致羞赧的女士〉（To His Coy Mistress），《頑童流浪記》（Huckleberry Finn），《好人布朗》（Young Goodman Brown），〈日常所需〉（Everyday Use）及〈科學怪人〉（Frankenstein）六個經典作品來實證這些文學理論的適用性（applicability），給學生一個清晰的輪廓。反過來講，這六個文學作品（戲劇、詩歌、小說）如果能用上敘各種文學理論去演繹、歸納、分析，即表示這些作品有它們的多面性。

三、本書對每種文學理論的起源及發展都有交代，學生讀過，對該種理論會有個全面的認知，而不是「一管窺豹」，而且，每一種文學理論後面皆列有文獻，供有興趣的讀者參考。

四、在第十章內之結構及後結構主義是艱澀的文學理論，非搞過文學批評的人無法理解，但此書能用最短的篇幅來綜合，分析，令讀者有個概括的認識，難能可貴。

五、本書之啟發性重於總結性。也就是說文學理論仍在發展中，學者可從這些理論引伸或者去獨創。

六、本書內容充實，結構嚴謹，佳句妙語不勝枚舉，讀來十分過癮。

我在立德英語研究所開了四年的「研究方法」，每學期總有六、七位學生修習這門課，充分的享受到小班制的好處及教學相長的樂趣。

第四十二章　「海明威專題」

在研究所上學期開「研究方法」，下學期則開「海明威專題」。其實，我早在成大外文系就開過「美國小說選讀」的課，教的也是海明威的作品。若再向前推移，我大學時代就讀過海明威的得獎作品，《老人與海》。自那時起，我就對他的作品產生了濃厚的興趣，而且隨著歲月的流逝有增無減。

一個學期有十八星期，我教了海明威的四本主要作品及兩個短篇：《太陽照常上升》（The Sun Also Rises），《戰地春夢》（A Farewell to Arms），《戰地鐘聲》（For Whom the Bell Tolls），《老人與海》（The Old Man and The Sea），〈麥柯柏的短暫快樂時光〉，（The Short Happy Life of Francis Macomber）及〈雪山盟〉（The Snows of Kilimanjaro）。每一作品都有它的迷人之處，除《老人與海》之外，都與死亡有關。

《太陽照常上升》的書名是來自聖經舊約傳道書第一章的啟示：「傳道者說，虛空的虛空，凡事都是虛空。人一切的勞碌，就是他在日光之下的勞碌，有什麼益處呢。一代過去，一代又來，地卻永遠長存。日頭出來，日頭落下，急歸所出之地。」除此之外，《太陽照常上升》一書封面裡的「楔子」也是引自〈傳道書〉：「風往南颳，又向北轉，不住的旋轉，而且返回轉行原道。江河都往海裡流，海卻不滿，江河從何處流，仍歸還原處。」

從上面的兩段引文來剖析《太陽照常上升》及海明威的其他著作就不會偏離其「虛無主義」的道路。

男主角捷克・巴尼（Jake Barnes）的鼠蹊部受傷，導致他與舊識布萊特・艾士莉（Brett Ashley）不能行房，他們所追求的愛情，雖有浪漫的憧憬，卻無實質上的「意義」（小說在巴黎開端時，他們的愛情如是，在馬德里結尾時，他們的愛情亦復如是）。中間穿插著羅伯特・杭恩（Robert Cohn）及派朱・羅米奧（Pedro Romero）追求布萊特之錯綜複雜情節，造就了這本小說的張力，喧囂一時，不旋踵即歸於灰飛煙滅，一切回歸原處。

太陽底下沒新鮮事，日子總得過下去，太陽又從東方升起來，象徵著新時代的來臨嗎？亦或另一個虛無的到來？這個「殘缺愛情」的故事，演繹出「你們都是失落的一代」的意涵，也剖開了錯綜複雜的人性。書中沒有海明威所創的典型人物（Code Hero）出現，「天地」卻常存，只有它們才是典型主角。

《戰地春夢》是一部描寫戰爭與愛情的小說，其第一章即定下了這本小說「虛無主義」的基調：

一隊士兵在雨中沿著路開往前線，過後，路上闃無人跡；被風吹落的葉子，沿著路滾動，滾動，過後，路上再呈「空曠」（bare）。「空曠」這個字眼在全章不到一頁半的篇幅內出現過七次，可見「虛無」涵蓋了人與萬物。

男女主角：富萊德・亨利（Frederic Henry）與凱薩琳・芭可莉（Catherine Barkley）脫離不了這個虛無的宿命。自他們邂逅起，就含有「到頭來一場空」的意義。富萊德假意追求凱薩琳，代替他去「軍中樂園」的「逢場作戲」；反之，凱薩琳為了填補她那位陣亡情人的空缺，與富萊德虛應故事。孰料，此種虛心假意卻演變成了日後「驚天動地」的愛情。

經過大撤退的挫折，被捕，跳河逃生，憲兵的追捕，亡命天涯，方體會到凱薩琳是他富萊德生命中不可或缺的必需：他們是烽火中的「鴛鴦」也是田園生活裡的夫妻。結局是女主角凱薩琳死於難產，一切歸於虛無。

凱薩琳死後，富萊德獨自走回旅館，雖有雨的澆淋（新生的意涵），卻一切淪為春夢。

小說極富宗教色彩，除耳濡目染軍中牧師的言行外，富萊德體悟到宗教的精髓，並講過一句金句：「只有在失敗裡，我們方信仰上帝（In defeat, we believe in God）」。

與《太陽照常上升》不同的是在這部小說裡有海明威獨創的典型主角——富萊德。他不屑於那些抽象的字眼譬如：光榮（glory）、榮譽（honor）、勇氣（courage）、神聖（hallow），認為它們不過是欺人的技倆而已，絕對沒有如：村莊、街道、河流、部隊等可以看得到的東西來的具體。前者是虛假，後者是真實。

海明威在這本小說裡藐視大的團體——國家。他所標榜的是小人物、小團體及人文主義。大撤退場景之描繪是非常成功的，除了托爾斯泰在《戰爭與和平》裡所寫之大撤退外，沒有一本戰爭小說裡的撤退場景可與《戰地春夢》裡的媲美。

《戰地鐘聲》是從如何炸一座具戰略價值的橋開始。以時間而論，它僅是三天七十二小時的故事，以空間而論，它以橋為中心，但它卻發展成為海明威的著作中最厚的一本。

羅伯特・約丹（Robert Jordon）自接受炸橋任務起，就有「風蕭蕭兮易水寒，壯士一去兮不復還」的念頭；女游擊隊員，碧拉（Pilar）看完他手相的神秘樣，更堅定他此一信念。

在山上他與游擊隊中的瑪利亞（Maria）墮入情網，並在雪地上的睡袋裡完成愛，又在野地內的交媾及感覺到「地動」（真情所致），皆十足地表達出他們的這種亂世姻緣與眾不同。

隨著時間的流逝，死亡展開，在第一階段內：首先，騷道（El Sordo）所領導的游擊隊，受困在山頂上，繼之飛機掠過，炸彈開花，最後，他們悉數被殲滅。在第二階段內：一、富蘭道（Fernando）中彈，身受重傷，在山坡上倒斃；二、老人安薩姆（Anselmo）啟動炸橋裝置，於橋倒下來之際，為倒下來的石柱壓斃；三、在最後階段，羅伯特於縱身策馬，越過敵人火網時，坐騎不幸中彈，左腿被壓在倒下來馬的下面，血流如注，無法偕同其他的炸橋夥伴逃離，演變成一個人端著槍，等候著追兵，也等候著死亡的局面。

最感人的部份應該是受了傷的羅伯特與瑪麗亞作別的一幕：「把這個聽好。現在妳一定要走，兔子（瑪麗亞的暱稱），但是我與妳一起走，只要有我們其中之一，就有我們倆。妳還不明白嗎？」。若沒有羅伯特與瑪麗亞這番真摯的愛，無以突顯出作別後虛無的尖銳。

與《戰地春夢》裡所揭櫫的團隊精神同出一轍，所不同的是：前者裡的夥伴僅二人死亡，其餘皆星散各地：後者是三人死亡，其餘的悉數撤出。

小說的命名是取自十七世紀玄學派詩人約翰・鄧恩（John Donne）的詩：「沒有人是一孤島，或是全然單獨，每個人是大陸的組成部分，是主體上的一塊。假使，其中的一塊被海水沖走，整個的歐陸行將縮小，海岬亦然，同樣地，若你的朋友受到傷害，或者你自己受到傷害，其情況是亦復如是。結論是：任何人的死亡將會是自己的死亡，因為我與整體人類休戚與共。因此之故，永不去問喪鐘為何人的死亡敲響，其實喪鐘亦為你本人而鳴。」

《老人與海》是海明威的嘔心瀝血之作，並為他帶來了兩項大獎：一為普利茲獎；一為諾貝爾獎。

於八十五天後，老漁夫山提埃哥（Santiago）終在深水域內釣到了一條龐大無比的馬林魚（Marlin），搏鬥了兩天三夜後，方令這條魚「俯首稱臣」。這不僅證明他仍「寶刀未老」也證明他是「最偉大」的漁夫。

魚比他的船身還長，老漁夫不得不將其繫在船旁，於返航途中，吹起了口哨，並計算著這條大魚在市場上怎樣地銷售？詎料，鯊魚群尾隨著馬林魚的血跡，蜂湧在船側，並對著老人的「戰利品」，施於無情的咬噛。山提埃哥施出了混身力氣與鯊魚大戰，卻寡不敵眾，他的「希望」瞬間在鯊魚之血盆大口內破滅。

老人回到出海的地方，扛起了桅竿，拖著沉重的腳步向他那「陋居」走去，留在身後的是馬林魚的骷髏，隨著潮汐搖擺，難道這不是虛無？

其他兩個短篇小說〈麥克伯短暫的快樂時光〉與〈雪山盟〉也皆以虛無收場，不過留下兩個疑問：一是瑪格麗特（Margaret）射殺她的丈夫（Francis）是蓄意的謀害抑或是誤殺？二是〈雪山盟〉裡的那匹豹子（Leopard）是如何爬上一萬九千七百餘英尺的山頂？迄今令人撲朔迷離。

無庸置疑，虛無思想在海明威的作品裡到處充斥，最明顯的例子是在他的〈一個既乾淨又明亮的地方〉（A Clean Well-lighted Place）的短篇小說裡，他將虛無（nothingness）套用「主禱文」來呈現，真是別具一格。

人生既是虛無，那麼人在世間還有什麼貪戀？原來海明威所重視的是人生中之奮鬥過程。海明威與其在小說中所創出來的主角都是學生，學著如何在困境中生活及克服困難。若不是這樣的話，他何以能寫出這樣的語句：

「人不是為失敗而生的。」

「人可以被毀滅，但不可以被打敗。」

這也是我讀海明威作品所獲得的最大啟示，並靠著這兩句話衝破了我人生路上許許多多的困境。

我在立德管理學院教到了二〇〇八年元月三十一日，結束了我在此私立學府七年半的教書生涯。在此時段內，無論是在學務處抑或在應用英語系，皆能與同仁和睦相處，我覺得我得到了尊崇。

另外值得一提的事是在最後的兩年內，在系內同仁共同努力下，應用英語系通過了大學評鑑，這對像這樣的一所私立學院，這樣的一個系來說，是一件極其光榮的事。

後記

二〇〇九年，我把在成大的兼任辭掉，正式過退休生活。此時，我已七十八歲，想起老來無依的不方便，不得不赴美國與我的一對兒女同住，但是，每年我們還是回台南我們那老房子裡住一段時間，會一會親友，見一見鄰居，也希望在未來的日子裡，在健康許可之下，間或去大陸旅遊，訪問，也有可能去南京看姐姐，到濟南看小妹及至牡丹江看我的弟媳淑敏。

總括我的一生，平凡至極，與我同一時代的人，有的所受的苦比我更大、更多。由他們來寫自傳，更具標竿意義。但是，在美國常被人問起：「當年，你是如何離開大陸的？」我常苦笑以對，不談則已，一打開話匣子，則不是三言兩語可以講的清楚。

又在成大教書時，看到有些學生頹廢，在堂上，間或講些一九四九年離開大陸時如本書中的片斷，譬如：「青島賣鞋記」、「闖道難」及離開大陸後「澎湖從軍記」、「大學生活」，及兩次留美的經驗，來激勵他們。

與我相處久的同仁也很好奇，一個十七歲的孩子如何離開大陸？如何在台灣生存？同仁於聽了我的故事後，一致的表示：「何不寫出來？」

促我寫此自傳的另一因素是溯自一九九六年的九九重陽節。

那個九九重陽節餐會的目的是向「文藝老兵」致敬，由文建會主辦，個人忝列其中。會中曾與時任《聯合報》副刊主編瘂弦兄不期而遇，也恰在此時，秦嶽詩兄將自我處借去的，我們六個人的一張少年戎裝照片還我，我順手請瘂弦兄指認照片中的我，他一眼就認出了我，並端詳了照片中的每一個人後，對我說：「你將這幀照片的故事寫出來，如何？」

我大約花了五天的時間，寫了一篇題名為：〈軍中文藝的夥伴〉寄他。不料，他將拙作於一九九七年七月七日抗戰紀念日在「聯副」上刊出。稿子分為四天發表，想不到這篇東西竟引起了我們山東流亡學生識與不識的「轟動」，紛紛地打電話與我話往事，也使得我能有與那些失聯的五連弟兄們重溫「吃糧」的機會。此一小小「轟動」給我帶來莫大的鼓勵。

居住在紐約的莊信正兄，常與我通電子郵件，間或也以電話聯繫。他也常說我在大陸上有一段「不平凡」的經歷及在澎湖島上有一段坎坷的歲月，如果寫下來定會有趣。

最重要的是家人的鼓勵，做為人嗎，總要留點東西。

基於以上這些因素，我乃決定一試。

撫今追昔，我把這一切歸咎於時代及命運的捉弄，但是，在我的腦海裡至今仍出現這樣的疑問：

一、如果一九四八年，我沒有離開濟南市，我會怎樣？

二、如果一九四九年大動亂時，在流亡途中被攔截回去，我會怎樣？

三、如果在十六歲時，我沒有在澎湖島上被李振清及韓鳳儀強迫編入軍隊，會怎樣？

總括我的一生，在大陸生活了十六年，在台灣生活了六十一年及如今在加州居住了三年。午夜夢迴，常回憶我這八十年來的坎坷歲月，越艱難的事越能記得，它們就像暗夜裡最燦爛的星，不時的向我閃爍。

我也常想起我那些「命」中的貴人，沒有他們的及時協助，我的前半生大概會更淒慘，後半生大概也不太可能過得若是。感恩之心油然而生，感恩便是我晚年的重點修持。

我闖了一生，闖出個名堂來了嗎？

答案是：沒有

然而我仍沒氣餒，如今能做的事只剩下讀書及筆耕，只是已瀕臨黃昏階段，能讀寫多少算多少了。

常有去舊金山漁人碼頭的機會，面對浩瀚的太平洋，內心之思緒澎湃不已，所謂家事、國事、天下事，都遙遠了，理不清，也道不明。但是，有一點是我想在這裡表達的，那就是寄語中國與台灣，無論將來的情勢如何發展，到了二十一世紀這個文明的節骨眼上，一切以「和」為貴，若再反目成仇，不是愚蠢，就是瘋狂。

參考資料

張校長敏之，鄒校長鑑罹難四十周年紀念籌備小組《煙台聯中師生罹難紀要——張校長敏之，鄒校長鑑罹難四十年及同學蒙冤四十年》，台北：編者自印，一九八九。

劉澤民先生八秩華誕籌備會《劉澤民先生八秩華誕紀念冊》，台北：編者自印，一九九一。

劉澤民，《海隅談往》，台北：山東文獻雜誌社，一九九七。

馬忠良，〈軍中文藝的夥伴〉，《聯合報副刊》一九九七，七月七日至十日。

陳芸娟，《山東流亡學生研究（1945－1962）》，台北：山東文獻雜誌社，一九九八。

張校長敏之，鄒校長伯陽先生罹難五十周年籌備小組《張校長敏之，鄒校長伯陽先生罹難五十周年紀念冊》，台北：編者自印，一九九九。

王培吾，《十字架上的校長》，台北：文經文庫，二〇〇〇。

劉朝賢，《滄桑歲月五十年》，台北：作者自印，二〇〇一。

亓豐瑾，《八十年景平路》，高雄：作者自印，二〇一一。

百度網路，陵縣，東方朔，顏真卿。

聖經——和合本（神版），香港聖經公會：二〇〇八。

Holstein, Michael E. *Beginning Literary Criticism*. Taipei: Bookman Books, LTD. 1996.

Guerrin, Wilfred L. etc. *A Handbook of Critical Approaches to Literature*. Oxford:Oxford University Press, 2005.

Hemingway, Ernest. *The Sun Also Rises*. New York: Charles Scribner's Sons, 1954.

——*A Farewell to Arms*. London: Arrow Books, 2004.

——*For Whom the Bell Tolls*. New York: Charles Scribner's Sons, 1968.

——*The Old Man and The Sea*. New York: Charles Scribner's Sons, 1952.

——*The Short Stories of Ernest Hemingway*. New York: Charles Scribner's Sons, 1966.

血歷史25　PC0228
新銳文創
INDEPENDENT & UNIQUE

從二等兵到教授
——馬忠良回憶錄

作　　者	馬忠良
責任編輯	鄭伊庭
圖文排版	王思敏
封面設計	蔡瑋中
出版策劃	新銳文創
發 行 人	宋政坤
法律顧問	毛國樑　律師
製作發行	秀威資訊科技股份有限公司 114 台北市內湖區瑞光路76巷65號1樓 電話：+886-2-2796-3638　傳真：+886-2-2796-1377 服務信箱：service@showwe.com.tw http://www.showwe.com.tw
郵政劃撥	19563868　戶名：秀威資訊科技股份有限公司
展售門市	國家書店【松江門市】 104 台北市中山區松江路209號1樓 電話：+886-2-2518-0207　傳真：+886-2-2518-0778
網路訂購	秀威網路書店：http://www.bodbooks.com.tw 國家網路書店：http://www.govbooks.com.tw
出版日期	2012年7月　初版 2021年1月　二刷 2022年1月　三刷
定　　價	340元

國家圖書館出版品預行編目

從二等兵到教授：馬忠良回憶錄 / 馬忠良著. -- 一版. --
臺北市：新銳文創, 2012.07
面； 公分. --（血歷史；PC0228）
BOD版
ISBN 978-986-6094-94-1（平裝）

1. 馬忠良 2. 回憶錄 3. 台灣傳記

783.3886 101011715

讀者回函卡

感謝您購買本書，為提升服務品質，請填妥以下資料，將讀者回函卡直接寄回或傳真本公司，收到您的寶貴意見後，我們會收藏記錄及檢討，謝謝！

如您需要了解本公司最新出版書目、購書優惠或企劃活動，歡迎您上網查詢或下載相關資料：http:// www.showwe.com.tw

您購買的書名：______________________________

出生日期：________年________月________日

學歷：□高中（含）以下　□大專　□研究所（含）以上

職業：□製造業　□金融業　□資訊業　□軍警　□傳播業　□自由業
　　　□服務業　□公務員　□教職　□學生　□家管　□其它____

購書地點：□網路書店　□實體書店　□書展　□郵購　□贈閱　□其他

您從何得知本書的消息？

□網路書店　□實體書店　□網路搜尋　□電子報　□書訊　□雜誌
□傳播媒體　□親友推薦　□網站推薦　□部落格　□其他________

您對本書的評價：（請填代號　1.非常滿意　2.滿意　3.尚可　4.再改進）

封面設計____　版面編排____　內容____　文／譯筆____　價格____

讀完書後您覺得：

□很有收穫　□有收穫　□收穫不多　□沒收穫

對我們的建議：______________________________

____

____

____

請貼
郵票

11466
台北市內湖區瑞光路 76 巷 65 號 1 樓
秀威資訊科技股份有限公司 收
BOD 數位出版事業部

（請沿線對折寄回，謝謝！）

姓　　名：＿＿＿＿＿＿＿＿　年齡：＿＿＿＿　性別：□女　□男

郵遞區號：□□□□□

地　　址：＿＿＿＿＿＿＿＿＿＿＿＿＿＿＿＿

聯絡電話：(日)＿＿＿＿＿＿＿＿　(夜)＿＿＿＿＿＿＿＿

E-mail：＿＿＿＿＿＿＿＿＿＿＿＿＿＿＿＿